이기적인
새벽 출근

도시의 **01** 직장인

이천 엔지니어 편

이기적인 새벽 출근

회사에서 나만을 위한 밀도 있는 2시간 만들기

plan b
DESIGN

✦ 차례

1부 사회 초년생의 새벽 성장기

2부 앞서나가는 직장인의 새벽 활용법

3부 회사를 넘어서기 위한 새벽 활용법

4부 하루 종일 활력 넘치는 에너지 관리법

5부 멘탈을 강화하는 새벽 활용법

6부 새벽 자본을 바탕으로 성장하는 방법

독자에게
드리는 편지

경제적 자유를 이루어 일찍 은퇴하는, 이른바 파이어FIRE 족이 로망인 시대입니다. 조기 은퇴, 퇴사, N잡, 워라밸에 관한 책들이 주류를 이루는 요즘, 새벽 출근이라는 주제가 어쩌면 시대착오적이라고 생각될지도 모르겠습니다. 돈보다도 자유를 더 우선시하는 MZ세대인데, 무슨 부귀영화를 누리겠다고 새벽까지 회사에 바치느냐는 핀잔을 들을지도 모르겠어요.

혹시라도 그렇게 생각하실까 봐, 미리 귀띔해두어야 할 것 같습니다. 성실한 노력 같은 케케묵은 이야기는 안 하려고 합니다. '신입사원 때는 뭐든지 열심히 해야 되는 거야' 같은 이야기는 재미도 감동도 없을뿐더러, 저도 선뜻 동의하기 어려우니까요.

대신 이 책에서는 철저히 나를 위해 새벽을 활용한 이야기를 해보고 싶습니다. 회사에 충성을 다하기 위해서가 아닌, 어떤 의미에서는 이기적일 수도 있는 새벽 출근 경험담입니다. 왜 굳이 아침 잠 포기하면서까지 새벽에 출근해야 했는지, 그 과정에서 얻게 된 유익이 무엇인지, 나아가 직장생활이 끝나도 계속되는 삶을 준비하기 위해 새벽을 어떻게 활용할 것인지에 관한 이야기를 담아보았습니다.

이 책은 잘 나가고 싶은 의욕은 있지만 무엇을 해야 할지 막막한 신입사원을 위해 쓰였습니다. 또한 이제 어느 정도 적응은 되었지만, '나 잘하고 있는 것 맞아?'라는 질문 앞에서 동공이 흔들리는 3~4년 차 주니어 사원들을 위한 책입니다. 언젠가는 회사를 떠나야 할 텐데, 그 이후의 삶은 어떻게 준비해야 할지를 고민하는 이 시대의 직장인들과도 공감하고 싶었습니다. 수많은 후배 사원을 멘토링하면서 얻은 경험을 바탕으로, 제가 지도했던 멘티들이 바로 앞에 있는 것처럼, 그들에게 이야기해주는 마음으로 한 글자 한 글자 적어나갔습니다.

이 책의 조언을 따라 라이프 스타일을 약간 조정하기만 하면, 일과 삶의 질과 효율을 높이는 기술을 가질 수 있습니다. 한껏 높아진 신체의 에너지 레벨과 정신적인 활력, 그리고 스마트한 업무 처리 기술을 바탕으로 회사에서, 그리고 나아가 회사 밖에서 자기만의 영역을 빠르게 구축하는 기술을 가지게 될 것입니다.

회사원을 누가 부품이라고 하던가요? 절대 그렇지 않습니다. 이 책을 따라 이기적인 새벽 시간을 차곡차곡 축적하면, 자본이 복리로 불어나듯이 자신의 영향력도 확장될 것입니다. 직급이 낮고 나이가 어리더라도, 자신만이 가진 대체 불가능한 역량에 의한 비공식적인 권력은 무시할 수 없을 만큼 커질 것입니다. 회사에 소속되어 있지만 1인 기업가가 되는 것이지요.

MZ세대의 영향력이 직장 내에서 점점 커지고 있습니다. 모쪼록 이 책이 함께 일하는 동료가 될 주니어 사원들에게 아이디어와 도움을 주기를 소망합니다.

나만의 지적 자본을
형성하는 시간

새벽은 가장 신선한 시간입니다. 매일 새롭게 충전되는 에너지로 가득한 순간입니다. 비록 어제까지 그저 그런 하루를 보냈어도, 제대로 마음잡고 시작해볼 수 있는 깨끗한 백지 같은 시간입니다. 매일 선물처럼 주어지는, 포장도 뜯지 않은 신상품 같은 시간입니다. 아무에게도 방해받지 않고 오로지 내 의지대로 사용할 수 있는 나만의 시간입니다.

이 책은 공대를 졸업해서 엔지니어로 일하고 있는 한 직장인이 10년 가까운 시간 동안 새벽 시간을 축적해본 경험담입니다. 장기간에 걸쳐 누적된 시간의 힘을 직접 경험하고 나니, 직장생활을 처음 시작하는 주니어 회사원들, 또는 치열하게 살다가 길을 잃은 중견 사원들과 나누고 싶은 이야기가 하나 둘 생기기 시작했습니다.

밀리지 않기 위한 노력의 결과

대부분의 사회 초년생이 그러하듯, 저도 어리바리한 신입사원이었습니다. 인정받기 위해서라기보다는 낙오되지 않기 위한 몸부림으로 '어쩔 수 없이' 시작한 새벽 출근은 오랜 시간 축적되면서 저에게 기대하지 못한 많은 선물을 주었습니다.

회사에서 인정받는 것은 매우 중요합니다. 다른 사람의 눈에 들어서 높은 고과를 받고 빨리 승진하기 위함이 아닙니다. 그보다 더 중요한 이유는 일상 업무 속에서 받는 소소한 인정과 칭찬이 자기 확신을 갖기 위한 참고 경험, 즉 근거로 작용하기 때문입니다. 따라서 일상 속에서 자기 효능감을 누릴 수 있는 자기만의 방법을 반드시 알고 있어야 합니다. 성실함과 성과를 기반으로 조직 내에서 인정받는 것은 자기 효능감을 유지하기 위한 가장 효과적인 방법이지요. 저는 새벽 출근으로 확고한 위치를 닦고, 자기 효능감을 확보할 수 있었습니다.

영업비밀보다 훨씬 가치 있는 경험자산

누구나 자기만의 관점으로 회사생활을 관찰하고, 그것을 농축해 귀중한 지적 자본으로 만들 수 있습니다. 리더가 어떤 사람을 총애하는지, 어떤 사람이 리더의 오른팔이 되는지를 살펴보면 실력이 있는 경우도 있고, 실력 외적인 요소나 운이 작용하는 경우도 있음을 알게 됩니다. 그런 것들을 살펴보는 과정에서 얻게 되는 권력의 움직임에 대한 경험은 리더십과 조직 운용 원리에 대해 실전적으로 체험할 수 있는 귀중한 자산입니다.

저는 새벽에 이런 경험에서 온 깨달음들을 의식적으로 기록하는 습관을 가졌습니다. 의식적으로 기록하는 과정에서 한 번 더 생각하고, 경험을 곱씹으면서 일반화하는 과정에서 다른 사람에게 공감을 일으킬 수 있는 포인트를 찾아낼 수 있었습니다. 일상의 경험을 통해 교훈을 얻어내는 방법을 터득하는 것은 회사생활의 밀도와 만족도를 높이는 길입니다.

울타리 안에 있을 때 진로를 탐색하자

꼬박꼬박 월급 나오는 환경에 있는 직장인들의 가장 큰 고민 중 하나는 아이러니하게도 "뭘 해서 먹고살지?"가 아닐까 싶습니다. 언제까지 회사라는 울타리 안에 있을 수는 없습니다. 과장, 부장을 넘어 '임원' 자리를 바라보고 회사생활을 하는 사람의 비율보다는 빨리 자기만의 아이템을 찾아서 영속적인 비즈니스를 만들려는 목표를 가진 사람이 더 많을 것입니다.

그런 점에서 회사는 일종의 인큐베이터이자 학교입니다. 언젠가 자기만의 업으로 독립하려는 분이라도, 일차적으로는 회사

내에 집중하는 경험이 반드시 필요합니다. 회사 업무 자체를 밖에서 사용할 수는 없을지 모르나, 그 안에서 보낸 자기 훈련의 경험과 인간관계, 그리고 조직이 돌아가는 생리에 대한 경험은 자신만의 유용한 자산으로 가공해낼 수 있기 때문입니다.

새벽 시간을 나만을 위한 시간으로 활용해서, 직장에서 인정받을 뿐 아니라 직장을 떠난 이후에도 써먹을 수 있는 무기를 갖추는 기회로 활용할 수 있습니다. 새벽 시간, 나만의 지적 자본을 형성하는 수단으로 적극 활용해보면 어떨까요?

1부

사회 초년생의
새벽 성장기

01

누군가는
C를 받아야 한다니!

충격적이었던 상무님 말씀

그럭저럭 평범하게 회사생활을 해나가던 첫해, 제가 각성하게 된 계기가 있습니다.

어느 늦여름 회식 자리였습니다. 식사를 끝내고 삼삼오오 술을 마시면서 대화를 나눌 때였습니다. 저희 조직 담당 임원인 상무님께서 저를 가까이 부르더니 말씀하셨습니다.

"우리 조직에 책임급 이상이 30명이야. 너는 그중에 몇 등이나 될 것 같니?"

상무님의 질문 의도는 뚜렷했습니다. 경력 입사 첫해였던 저는 아직 이렇다 할 성과나 뚜렷한 업적을 내지 못하고 있었습니다. 우물쭈물하고 대답을 하지 못하고 있을 때, 상무님께서는 한 마디를 덧붙이셨습니다.

"퍼포먼스가 있어야 해, 퍼포먼스가."

그러면서 어깨를 툭툭 두드리시더니, 옆자리 부장님과 함께 담배를 피우러 나가셨습니다.

상무님의 의중은 명확했습니다. '너는 내가 기대한 만큼의 성과를 내고 있지 못하다. 이대로라면 연말 평가에서 하위 등급을 받을 거야'라는 시그널을 명확하게 읽을 수 있었습니다. 겉으로는 분명 격려와 조언의 형식을 띠고 있었지만, 마음의 소리를 들을 수 있었지요. 직장생활을 하다 보면 연말 평가에서 하위 등급을 주기로 결정한 사람에게 미리 언질을 한다는 말이 있던데, 이게 그런 건가 하는 생각이 들었습니다.

직장생활을 하면서 여러 번의 회식을 가졌지만, 9년이 지난 지금도 그때는 기억에 또렷이 남아 있습니다. 솔직히 말하면 하나도 즐겁지 않은 회식이었습니다. 아니, 처음에는 즐거웠는데 기분이 상했지요.

저는 카이스트에서 석사, 박사학위를 받고 책임급으로 대기업에 입사한 직장생활 초년생이었습니다. 2월에 입사해서 3~4개월간은 대졸 사원들과 함께 직무 교육을 받았습니다. 그리고 그 회식 날은 본격적으로 업무에 투입된 지 두어 달이 지났을 때였습니다. 다른 입사 동기들이 그랬듯, 지도선배에게 하나씩 업무를 배우면서 익혀나가고 있을 시기에 그런 말을 들었으니 기분이 좋았을 리가 없었지요. 지도선배나 팀장님께 그런 말을 들어도 언짢을 텐데, 최종 평가권을 쥐고 있는 담당 임원께 그런 말을 들었으니 더더욱 고민이 되었습니다.

한편으로는 좀 너무하다는 생각도 들었습니다. 아직 뭔가 제대로 일해볼 시간도 없었는데, 입사 1년도 되지 않은 신입에게 무슨 성과를 요구하는 것이었을까요? 함께 일하는 선배 사원에게, 그리고 팀장님께 답답한 마음에 술기운을 빌어서 여쭤보았습니다. 대체 성과라는 게 무엇인지 말이죠.

"고객 부서나 동료들이 원하는 결과물을 내는 게 성과야."

많은 의미를 내포하고 있는 말이었습니다. 그리고 지금 생각해보면 이보다 더 좋은 대답이 있을까 싶습니다만, 당시에는 너무 막연하고 뻔하다고 생각했습니다. 이렇다 할 해답을 얻지 못한 채, 고민과 함께 그해 여름을 보냈던 기억이 납니다. '아, 내가 C를 받게 되겠구나.' 무언가 해결책을 강구해야 했습니다.

시리고 살벌한 인사평가 제도

인사평가 제도는 참 냉정합니다. 모두가 열심히 했지만, 평가를 위해서는 어쩔 수 없이 서열을 나누어야 하기 때문이죠. 연말에 구성원의 기여도를 평가하고 그에 따라서 등급을 매긴 뒤, 다음 해 연봉 인상에 반영하는 것이 일반적이지요.

당시 제가 속해 있던 회사에서는 소속된 조직 인원의 최소 10%는 반드시 하위 등급을 부여하는 제도가 있었습니다. 그렇게 함으로써 긴장감을 유도하고 적극적으로 성과를 내서 기여하라는 취지였겠지요. 하지만 업무에 따라서는 성과를 정확히 측정하기 어려운 경우도 많습니다. 판매 실적이나 계약 건수 등과 같이 정량적으로 성과를 측정할 수 있는 업무라면 모르겠지만, 연구개발 조직은 일반적으로 사람마다 맡은 일의 종류가 다르고, 난이도가 다르고, 협업 관계로 서로서로 긴밀하게 얽혀 있기 때문에 누구의 일인지를 명확하게 구분하는 것도 쉽지 않습니다.

모두가 한마음으로 열심히 일하는데 거기서 10%의 저성과자를 골라내는 것이 쉬운 일도 아니지요. 조직 변동이 있지 않는 이상 모두가 계속 보고 일해야 하는 관계잖아요? 특별히 문제 되는 행동을 해서 팀장이나 임원에게 찍히지 않는 이상, 낮은 등급의 평가는 주는 사람도 미안하고, 받는 사람도 기분 나쁜 일이지요.

당시 저는 나름대로 합리적인 추론을 통해서 가설을 세워보았습니다. 누군가는 하위 등급을 받아야 합니다. 그런데 모두가 열심히 고생을 많이 했어요. 그런 상황에서 만약 신입사원이 들어오게 되면, 당연히 조직에 기여한 바는 상대적으로 작을 수밖에 없겠지요. 이런 경우에 팀장 입장에서는 "미안하다. 누군가는 꼭 받아야 하는데, 아직 신입이니까 기회가 많이 남았다고 생각해

줘"라고 위로하면서 낮은 평가를 줄 가능성이 있을 것 같다는 암시를 줍니다.

이런 폐단을 막기 위해, 기업에 따라서 대졸 신입사원들은 첫해에 인사평가를 유예하는 경우도 있습니다. 또는 신입사원에게는 하위 등급을 주지 못하도록 제한하는 경우도 있지요. 그런데 안타까운 것은 그런 유예조항이 저에게는 해당하지 않았다는 것이었습니다. 저는 신입사원의 탈을 쓴 경력사원이었기 때문입니다.

박사학위를 받고 들어온 책임 1년 차들은 첫해부터 바로 인사평가 대상이었지요. 당연히 평가의 압박에서 벗어나기 어려웠고, 높은 평가등급은 더더욱 받기 어려웠습니다. 그래서 입사 1년 차인 제가 개인적으로 세운 목표는 '절대로 하위 등급을 받지 말자'였습니다. 고등급 평가는 기대하지도 않았지요. 하지만 저 나름대로 성실한 자세로 열심히 묵묵히 일하고 있다고 생각했습니다. 그런데 상무님께서 "여기서 네 등수가 얼마일 것 같아?"라는 격려 말씀(?)을 해주셨으니, 심적인 충격이 꽤 컸지요. '아, 올해 내가 하위 등급 대상자에 오른 모양이다.'

어느 정도 회사에 익숙해진 중견 사원들은 인사평가에 그렇게 민감하지 않은 모양입니다. "야, 뭘 고과에 신경 써. 고과는 일하다 보면 따라오는 거야"라고 대수롭지 않게 말씀해주셨죠. 사실 인사고과 조금 깎인다고 당장 해고되거나, 월급이 눈에 띄게 깎이는 것은 아닐 겁니다. 그래도 저는 용납할 수 없었습니다. 그래도 중간은 가야지 하위 등급이라니, 그건 자존심이 허락하지 않았죠.

도대체 성과라는 게 뭐야?

어쨌든 상무님의 조언, 혹은 피드백대로 무언가 성과를 내야겠다는 생각이 많이 들었습니다. 그런데 성과라는 게 무엇인지 당시 저는 정말 알 수가 없었습니다.

회사생활을 처음 시작할 때는 성과에 대한 개념이 잘 잡히지 않습니다. 회사원 생활이라는 것이, 시키는 것을 잘하면 업무는 시스템에 의해 돌아가는 경우가 많지요. 회사에서 각각의 개인이 맡은 일의 결과물은 그 자체로 독립적인 기능을 하기보다는 다른 사람의 결과물과 결합하여 전체 차원에서 기능할 때가 많습니다.

남들이 자동차 10대를 판매할 때 나 혼자서 발로 뛰어 50대를 판매했다면 누가 봐도 성과가 더 뛰어난 것이라고 할 수 있겠지요. 그런데 식당에서 누군가는 요리를 하고, 누군가는 상을 차리고, 누군가는 주문을 받는다면, 누구의 성과가 더 큰 것일까요? 서로가 서로에게 도움을 주고받는 긴밀한 협업 구조 속에서, 뛰어난 성과가 났다 해도 그것이 어느 개인의 공으로 돌아갈 수 있을까요?

당시 저에게는 이런 질문에 대한 해답이 존재하지 않았습니다. 지금 와서 생각해봐도 저는 신입사원들에게 '성과를 내라'고 이야기하지 않을 것 같습니다. 아마 당시 제가 책임급이어서 조직 전체 차원에서의 기여가 있어야 한다는 의미로 "성과가 있어야 해"라고 말씀하신 게 아닌가 싶습니다.

지도선배에게, 그리고 개인적으로 알고 지내던 먼저 입사하신 형님에게 물어보았을 때는 "개선 제안을 많이 해라" "다른 사람에게 도움을 많이 주어라" "보고서를 빨리 만들어 가라" 등등 다양한 조언을 해주었습니다. 그런 조언들이 실질적으로 어떤 행동으로 이어져야 하는지를 찾는 것은 제 몫으로 남겨졌는데, 그 해답을 찾는 것은 정말 감이 안 잡혔습니다.

어쨌든 뚜렷한 해답을 찾지 못한 채 답답한 나날이 이어지고 있었습니다. 그래도 하위 등급을 받는 것만은 피해야 했으니 저는 가장 무식한 방법을, 하지만 당시에 제가 할 수 있었던 유일한 방법을 선택하게 됩니다.

02

무작정 늦게
남아 있던 시절

남는 자가 승리자?

저는 일단 회사에 오래 남아 있기로 했습니다. 시간으로 승부를 보기로 한 것이었죠. 어차피 나에게 하위 등급 고과를 줄 거면 조금은 망설이기라도, 미안하기라도 하겠지요. 혹시 조직 내에 하위 등급 후보가 나 말고 누군가가 또 있다면, 그 누군가보다 더 늦게까지 남아 있는 나에게 주지는 않겠지 그런 생각이었습니다. 뚜렷한 방법을 몰랐으니, C를 받을 확률이라도 낮춰야 했지요.

나중에 좀 더 자세히 설명하겠지만, 일머리가 개발되기 전에는 어느 정도 막대한 시간을 쏟아붓는 시기가 필요한 것 같습니다. 늦게까지 남아 있다고 해서 당장 큰 성과가 나지는 않았지만,

그래도 업무에 시간을 더 투입하면서 데이터를 들여다보는 시간은 많았습니다.

저와 직접적인 관계는 없었지만, 선배들이 낮에 치열하게 다투었던 미팅 회의록도 보면서 업무 용어도 하나하나 더 알게 되었지요. 막막하고 복잡하던 업무 자료들 속에서 익숙한 단어들, 익숙한 문장들이 생기게 되었고, 정말 기특하게도 질문거리들도 하나둘씩 생겨났습니다.

야근이 반복되다 보니, 성실성에 있어서 이미지 변화도 있었던 모양입니다. 대졸 신입사원들은 지도선배들이 일을 가르쳐주느라 나름대로 업무량이 조금씩은 있어서 종종 밤에 남아 있었지만, 저는 과장급인 데다가 나이도 좀 있어서 선배들이 일을 막 시키지 않았거든요.

그리고 당시는 첫째 아이가 태어난 지 두 달도 되지 않아서 저녁에는 케어를 해야 했지요. 이런저런 사정으로 주로 여섯 시에 퇴근하는 날이 많았고, 조직 분위기도 정시에 퇴근하는 것을 꺼리는 분위기는 아니었거든요.

그랬던 제가 어느 날부터인가 저녁에 계속 늦게까지 남아 있으니, 사람들이 조금씩 알아봐주기 시작했습니다. "○○ 책임, 요즘 왜 이렇게 늦게까지 있어?" 또는 "아기 보러 안 가?" 하고 관심 있게 물어봐주는 동료분도 계셨지요. 저 스스로도 조금은 대견했습니다. 이제 연말에 나에게 C를 주려고 해도, 평가권자 입

장에서 조금은 망설이지 않을까 하는 기대도 조금씩 가져볼 만
했습니다.

의지력이 소진되었습니다

야근을 하면서 업무의 이해 정도는 높아졌고, 조금씩 저 스스
로 할 수 있는 일도 많아지는 것 같았습니다. 문제는 저녁에 일하
는 것이 생각보다 쉽지 않다는 것이었습니다. 일단 퇴근 시간이
가까워지면 의지력이 급속도로 떨어졌습니다. 분명 아침에 출근
할 때는 아내에게 퇴근이 늦을 거라고 말했습니다. 그러나 늦은
오후가 될 때쯤이면 정신적·육체적인 피로가 겹치면서 의지력
이 매우 떨어졌습니다. 회의가 많은 날이거나 업무에 신경 쓸 내
용이 많은 날이면, 더더욱 퇴근하고 싶은 마음이 커지더군요.

업무가 아무리 바쁜 조직이라도, 각자 개인 일정에 따라서 정
시에 퇴근하는 사람이 한두 명씩은 꼭 있게 마련입니다. 퇴근 시
간이 되면 분위기가 조금 어수선해지지요. 가방을 들고 퇴근하
는 사람이 그렇게 부러울 수가 없지요. 그러면 자연스럽게 저도
퇴근했습니다. 할 일이 있어서 남는 거면 타의에 의해서도 남겠
지만, 자기 의지로 남는 것은 쉽지 않지요.

나중에 알게 된 사실이지만, 의지력은 마음을 굳게 먹는다고
저절로 생기는 것이 아니었습니다.《습관의 디테일》의 저자 B.

J. 포그는 "동기와 의지는 본래 변하는 성질이 강해서 믿을 게 못된다"라고 말합니다. 데이먼 자하리아데스는《작은 습관 연습》에서 "과학자들은 의지력이 한정된 사원임을 밝혀냈다. 의지력은 시간이 갈수록 고갈된다"라고 말하고 있습니다. 즉 의지력은 연료나 배터리처럼 유한한 자원이어서, 온종일 사용하고 나면 저녁쯤에 방전되는 것은 자연스러운 것이었지요. 성장을 위한 자본을 축적하는 중요한 시간대를 의지력이 고갈될 즈음에 배치하는 것은 그리 지혜로운 선택이 아니었습니다.

야근은 치명적 오류

야근을 하게 되면 가족과 함께 보낼 시간이 절대적으로 부족하다는 것도 문제점이었습니다. 당시 저는 신입사원이었고, 아내는 아는 사람이 한 명도 없는 외지에 정착해서 이제 막 첫째 아이를 출산한 입장이었습니다. 온종일 집 안에서 아이와 씨름하며 제가 퇴근하기만을 기다리던 상황이었지요.

그런 상황에서 회사에서 밀린 업무 공부를 하겠다고 저녁 8시, 9시까지 남아 있는 것은 현실적으로 많은 어려움이 있었습니다. 저녁 시간에 제 의지력이 고갈되는 만큼, 육아로 지친 아내의 의지력도 당연히 고갈되어 있었겠지요. 초보 아빠였던 저와 아내에게, 저녁 시간은 회사보다는 가정을 위해 사용해야 했습니다.

함께 아기도 돌보고, 저녁 식사도 하고, 대화할 시간도 필요했습니다.

이 시기에 마음이 참 편치 않았던 기억이 납니다. 의지력이 고갈되어 일찍 퇴근하는 날은 업무 생각에 마음이 불편했지요. 회사에 남아 있는 날에는 버티기도 힘들뿐더러 집에서 혼자 육아를 하고 있을 아내 생각에 마음이 편치 않았습니다. 그런 상황에서 저는 새로운 묘안을 찾아내게 됩니다. 바로 새벽 출근이었죠.

03

이기자, 싸우자,
새벽 출근

의미 있는 2시간을 위한 새벽 출근

당시 회사에서는 저녁 식사 이후 2시간을 일하면 야근으로 인정했고, 마찬가지로 아침 식사 시간 이전 2시간 먼저 나와 일하면 조기 출근으로 인정해주었습니다. 저녁에 가족과 함께 시간을 보내기 위해 일찍 퇴근하는 대신, 아침에 일찍 나와서 일을 시작하기로 했습니다.

시원한 아침 공기를 맞으며 출근하니 기분이 상쾌했습니다. 텅 빈 사무실에 저 혼자 있으니, 기분이 이상했습니다. 신입사원이 괜히 오버하는 거 아닌가 싶기도 하고, 한편으로는 제일 먼저 하루를 시작하니 한걸음 앞서나간 느낌도 들었지요.

아무도 없으니 다른 사람 시선을 의식할 필요도 없었습니다. 말 거는 사람도 없으니 방해 없이 집중해서 자료도 보고, 할 일도 정리하고, 업무 관련된 공부도 할 수 있었습니다. 2시간 정도 일하고 나서 아침 식사 시간이 되어 식당으로 가니, 출근하는 사람들이 보이기 시작했습니다.

8시 넘어 하루 업무를 시작하는 사람들에 비해, 저는 두세 시간 먼저 일을 시작했습니다. 당연히 두뇌도 워밍업이 되어 있었고, 지난밤에 발생했던 이슈들도 먼저 파악할 수 있었습니다. 평상시에는 하지 않던 아침 식사까지 여유 있게 하니, 아침 정규 회의 시간에는 훨씬 더 에너지가 생기더군요.

새벽 출근은 꽤 의미 있는 시도였고, 다양한 이유로 매우 유익한 선택이었습니다. 업무에 필요한 역량을 갖추는 차원에서도, 일과 삶의 밸런스 차원에서도, 건강을 지키는 차원에서도 말이지요.

일이 끝나지 않았다면 얼마든지 근무를 연장할 수 있는 야근과는 달리, 새벽 근무는 업무 시작 시간이 정해져 있기 때문에 시간을 효율적으로 써야 했습니다. 당연히 '오늘은 무엇 무엇을 해야겠다'라는 계획이 서 있어야 했고, 그 덕분에 회사에 도착하자마자 바로 일을 시작했죠. '2시간 동안 의미 있는 걸 해야 한다'라는 생각에 집중력도 높아졌습니다.

저녁 시간에 비해 아침 시간은 에너지 활용 면에서도 더 좋았습니다. 하루 중 가장 정신이 명료한 시간대에 중요한 일을 배치하는 것은 시간 관리 대가들의 조언과 부합하는 것이었지요. 저녁에 '남을까, 일찍 갈까' 하는 걱정을 할 필요도 없었습니다. 매일 저녁 의지력과의 싸움을 벌일 필요 없이, 그야말로 '이기고 시작하는' 게임이었으니까요.

약간은 오버일 수도 있는 새벽 출근 첫 시도는 괜찮았습니다. 그리고 새벽 출근 패턴은 이후 제 성장의 밑거름이 되어주었습니다.

딸려 가지 않고, 주도하겠어

회사마다 분위기가 조금씩 다르겠지만, 저희 회사는 아침 시간이 가장 분주합니다. 전날 야간에 발생한 사건이나 문제점들을 점검하고, 그에 대한 대응책을 챙겨야 하기 때문이지요. 보통은 아침 회의 때 문제점들이 보고됩니다. 그런데 상사들은 문제가 있다는 사실만 보고받는 것을 싫어합니다. 원인이 무엇인지, 해결책은 무엇인지까지 함께 듣고 싶어 합니다.

제 경우에는 출근하자마자 동료나 선배 사원에게 "어젯밤에 어느 제품에서 문제 생긴 거, 어떻게 해결할 거야?" 하는 질문을 받는 경우가 많았습니다. 저는 막 도착해서 외투도 벗기 전인데, 다짜고짜 "이유가 뭐야?"라고 물어보면 머릿속이 하얘졌지요.

그럴 때마다 제 대답은 "그랬었나요? 아직 못 봤는데 확인해볼게요"라고 말하고 부랴부랴 알아보는 수밖에 없었습니다. 그럴 때마다 스스로가 프로페셔널하지 않다는 생각도 들었습니다. 한마디로, 그날 하루는 한 방 맞고 시작하는 것이었지요.

아침 일찍 출근하는 것은 이런 패턴을 깨는 데 많은 도움이 되었습니다. 전날 있었던 이슈를 제일 먼저 접하게 되었지요. 그리고 저 나름대로 이유를 찾아보기도 하고, 협업 부서에 관련된 자료를 요청해놓을 수도 있었습니다.

선배들이 출근했을 때 보고하기도 용이했습니다. "어젯밤에 이런저런 이슈가 있었는데, 아직 이유는 밝혀지지 않았습니다. 관련 부서에 의견을 요청해놓았고, 일단 재발하지 않도록 임시 조치는 해놓은 상태입니다"라고 말하면 되니까요. "어젯밤 이슈 파악해봤어?"라는 소리를 듣는 것보다는 훨씬 나은 상황이었습니다. 제일 먼저 알게 되고, 주위 상황에 딸려가는 입장을 피할 수 있었기 때문이지요. 저는 이렇게 제일 먼저 문제 파악을 할 때, 나름대로 승점을 얻는 느낌이었습니다. 게임 같은 것이지요.

그 뒤로도, 발생한 문제에 대해 전달받는 상황을 피하려고 노력했습니다. 누군가에게 전달받는 것은 프로로서 제가 업무를 제대로 처리하지 못한 것으로 간주했습니다. 이런 마인드를 가지고 일하다 보니, 상사로부터 닦달받는 일은 많이 줄어들었습니다. 오히려 제가 동료나 협업 부서 사람들을 채근하는 입장이 되었지요. 누구든 재촉을 받으면 압박을 받겠지만, 그래도 재촉 받는 것보다는 재촉하는 편이 조금은 더 나은 것 같았습니다.

둥글둥글 긍정적으로 바뀐 피드백

회사에서 임원들은 보통 일찍 출근하는 경우가 많습니다. 새 벽 출근을 하다 보니 제가 속한 부서의 조직장을 맡은 상무님의 출근을 보는 일이 잦았습니다. 하루 이틀도 아니고 매번 일찍 출근해 있으니, 아마도 눈여겨보신 것 같습니다.

한 번은 출근하시다가 저를 보고 제 자리에 오시더니 "오늘도 일찍 왔네? 피곤하지도 않냐?" 하고선 어깨를 툭 치고 가시더군요. 지금 와서야 하는 이야기지만, 괜히 으쓱해졌습니다. 일찍 출근하니까 눈에 띄는구나 싶었어요.

실제로 임원께서 저를 좋게 생각했는지는 모를 일이지만, 어쨌든 당시 저는 긍정적인 피드백을 받았다고 생각했습니다. 긍정적인 피드백은 행동을 강화하지요. '잘하고 있는 것이 맞구나' 라는 생각이 들었고, 아침 시간을 사수하는 것은 제 일과 중 가장 중요한 부분이 되었습니다.

팀 내에서도 저 나름대로의 시간 활용 스타일을 존중해주는 분위기였습니다. 아침에 일찍 출근했기 때문에 저녁에 남아 있는 빈도는 줄어들었지만, 그래도 맡은 일은 제때 처리해 놓았고 회의 시간에도 질문에 바로바로 대답할 수 있었기 때문이었지요.

아침 시간을 잘 활용하게 된 뒤로 저는 '그냥 신입사원'에서 업그레이드되었습니다. '나름대로 자기 몫은 할 수 있는 인력'이 된 것이지요. 회의 시간에 의견을 낼 수 있을 만큼 이해도가 높아졌고, 엔지니어로서 제 의견이 존중받는다는 것을 느낄 수 있었습니다. 과장급 경력사원으로서, 같이 입사한 대졸 사원급 동료들을 이끌고 일할 기회도 있었습니다. 그것은 나름대로 저의 기술적 리더십이 성장했다는 의미였습니다.

그때부터 저는 직위나 직책에서 오는 외적인 리더십이 있고, 그와 상관없이 업무 역량과 실력에 의해 좌우되는 실질적인 리더십이 있다는 것을 깨닫게 되었습니다. 많이 알고 있는 사람의 말은 귀담아들을 수밖에 없지요. 감사하게도 제 의견 역시, 그렇게 존중받고 채택되기 시작했습니다. 직위와 상관없이 의견이 존중받는 환경은 업무 의욕을 불타게 하는 데 큰 연료를 제공합니다. '내 말을 들어주는구나'라는 생각에 더 열심히 일하게 되고, 더 재미있게 일하게 되었지요.

고과보다 더 소중한 것

야근에, 새벽 출근에, 어떻게든 낙오를 피하려고 몸부림쳤던 첫 인사평가에서 저는 바람대로 중간은 했습니다. 우수 평가를 받기에는 아직 부족했지만, 그래도 한 사람 몫은 해냈다는 생각에 만족스러웠지요.

물론 그때는 이미 배움과 성장의 즐거움을 깨달았을 때였기 때문에 '앞으로 더 성장할 거니까, 첫해 인사평가에 연연하지 말아야겠다'라고 생각했습니다.

학창 시절, 입시에서 큰 성과를 거둔 우등생들이 TV 인터뷰에서 흔히 하는 말이 있습니다. "성적에 연연하기보다는 공부 자체에서 재미를 느꼈어요" 같은 말이지요. '당장의 성적에 대학 당락이 결정되는데 공부 자체에서 무슨 재미를 느낄까'라고 생각했어요. 일 역시 마찬가지였지요.

그런데 일찍 출근하면서 공부하고 배우고, 몰랐던 것들을 알아가며 조금이나마 재미를 느껴보니, 당장의 인사평가는 그렇게 중요하게 여겨지지 않았습니다. 선배들이 "고과에 연연하면 일하기 힘들다"라고 하는 말이 무슨 뜻인지 알 것 같았습니다.

이듬해, 회사의 정책에 따라 업무를 변경할 일이 생겼습니다. 옆 부서에서 스카우트를 받게 된 것이었죠. 조직 이동을 최종적으로 결정하기 위해 상무님과 면담을 했습니다. 간단한 면담을 마치면서 상무님께서 이렇게 말씀해주셨습니다.

"잘하고 있으니까 큰 걱정은 없다. 너는 건강만 잘 관리하면 돼."

특별할 것 없는 그 말씀이 왜 그렇게 기억에 남았는지 모르겠습니다. 신입사원 시절에 "넌 몇 등이나 될 것 같니? 성과가 있어야 해"라고 저를 격려(?)하셨던 상무님이어서 더 기억에 남는 것인지도 모르겠습니다.

04

새벽에서 시작된
연쇄적인 성장

새로운 환경에 던져지다

부서를 이동한 후, 업무를 새롭게 익혀야 했습니다. 이미 팀 내에는 그 분야에서 수년간 개발을 지속해온 많은 선배 연구원이 있었습니다. 저는 입사 2년 차 새내기였고, 이제 겨우 일반적인 회사 업무에 적응해갈 때였습니다. 저는 새로 옮겨간 팀에서 '데려오기를 잘했다'라는 평가를 받을 수 있도록 능력을 입증해야 했습니다.

조직을 이동하면 얼마간은 신입사원과 다름없는 상황에 처하게 됩니다. 현재 프로젝트가 당면한 과제나 그동안 팀에서 추진해온 업무의 맥락과 히스토리 같은 큰 줄기를 파악해야 했습니다. 업무에 대해 개선 제안을 할 때에도, 이전에 해본 적이 있는지 여부를 하나하나 다 파악해야 했지요.

어느 회사나 마찬가지겠지만, 조직 내의 분위기는 리더의 성격과 업무 스타일에 많이 좌우되는 것 같습니다. 옮긴 팀을 이끄는 임원은 제가 처음 모셨던 팀장님보다 훨씬 더 '빡센' 스타일이셨습니다. 팀원들이 발표할 때 질문도 예리하고 깐깐하셨고, 구성원의 업무 처리에 대해 공개적인 장소에서 날것 그대로 거칠게 피드백을 주시는 분이셨습니다. 게다가 팀원들 사이에 경쟁적인 분위기를 독려하셨기 때문에, 이전 팀에서보다 훨씬 더 긴장할 수밖에 없었지요.

어쨌든, 공부

어쨌든 공부만이 답이었습니다. 부지런히 자료를 찾아보고, 부지런히 질문해야 했습니다. 입사 첫해에는 그저 낙오자가 되지 않기 위해 뭐라도 했던 것이었지만, 새롭게 몸담게 된 부서에서는 능력을 보여주고 '에이스 플레이어'가 되어야겠다는 욕심이 있었습니다.

'하위 등급을 면하기 위한' 노력과 '상위 그룹으로 올라가기 위한' 노력은 본질적으로 달랐습니다. 전자의 경우는 안 하면 안 될 것들 위주로 처리하는 것에만 집중하면 되었지만, 후자의 경우는 달랐습니다. 아무도 시키지 않았던 일, 누구도 필요성을 느끼지 못했던 일들을 찾아내어 수행해야 했습니다. 그만큼 더 많은 공부, 더 많은 생각, 더 많은 질문이 필요했지요.

다행히도 새벽 출근에 익숙해져 있었기 때문에, 공부를 위한 시간을 확보할 수 있었습니다. 방법은 똑같았습니다. 팀 내 문서를 보관하는 서버에 들어가서, 과거 1년 치 자료를 다운받아놓고, 최근 자료부터 역순으로 읽어나갔습니다. 이해하지 못하는 내용은 따로 적어놓고 선배 사원들에게 물어보면서 돌파해나갔습니다.

시간을 들여 인풋을 축적하니, 회의 시간에 논의되는 현안과의 연결점이 보이기 시작했습니다. '어제 봤던 자료와 왜 내용이 다르지?' 또는 '예전에 동일한 실험에서는 개선점이 없었는데, 왜 같은 실험을 또 하지?' 등의 의문점이 생기기 시작했지요. 모를 때는 물어보는 것이 답이었습니다. 염치 불구하고 회의 시간에 시도 때도 없이 질문을 했습니다.

적당히 좀 해라?

아마 제가 질문을 너무 많이 해서, 회의 시간이 평소보다 많이 길어졌던 모양입니다. 하루는 회의가 끝나고 나서, 까칠하기로 소문났던 한 선배가 저를 따로 부르더니 이렇게 말씀하셨습니다. "회의 시간은 지금 팀에 급하고 중요한 문제를 해결하는 데 집중해야지. 너의 개인적인 궁금증을 해결하려고 자꾸 질문하면 모두의 시간을 잡아먹게 되잖아." 몹시 속상했지만 사실 틀린 말도 아니기에, 그 이후부터는 질문하는 것도 눈치가 보이더군요.

팀에 합류한 지 얼마 안 된 저연차 사원이 계속 질문을 던진 것이 팀장님 눈에는 그리 나빠 보이지 않으셨던 것 같습니다. 회의 시간을 아끼는 것보다는 본인이 명확히 이해될 때까지 논의를 계속하는 스타일이었거든요. 가끔 "○○ 책임 질문을 듣고 보니 그렇네. 대답해줄 수 있나요?"라고 부연 질문을 하시거나, 발표자가 모호한 대답을 하면 "아니, ○○ 책임이 물어본 내용은 그게 아닌 것 같은데. ○○ 책임, 질문에 대한 대답이 됐어?" 하면서 보강해주는 경우도 있었습니다. 가끔 시의적절한 질문들이 팀에 도움이 되는 경우도 있었습니다. 그러면서 나름대로 한 사람의 몫을 해내고 있다는 확신이 들기 시작했습니다.

리더가 되다

어느 새벽, 출근해서 메일함을 열어 보았는데 팀장님의 메일이 와 있었습니다. '새로 합류한 C 사원의 지도선배를 ○○ 책임이 맡아주기 바랍니다.' 처음으로 멘토링을 시작하게 되었지요. 내 한 몸 건사하는 것과 신입사원을 맡아 챙기는 것은 많은 차이가 있었습니다. 나는 내 의지대로 움직일 수 있지만, 신입사원은 별개의 의지를 가진 사람이었으니까요.

멘토의 역할은 그야말로 신입사원 코칭이었습니다. 전산 시스템 사용하는 방법, 파일 열람하는 방법, 미팅 시간, 보고서 작성법 등 하나하나 세심하게 챙겨주어야 했습니다. 업무상 실수를 하거나 발표 내용이 부실하면 "멘토가 누구야?"라는 피드백이 돌아왔지요. 혼자 업무를 할 때보다 두 배 가까운 시간을 투입해야 했지만, 제가 기대한 것 이상으로 잘 적응하고 성장해주어서 고맙고 보람 있는 시간이었습니다.

누군가의 자립과 성장을 조금이나마 도운 것 같아 즐거움이 더 컸습니다. 이제 '낙오하지 않으려고 애쓰던' 터널을 완전히 벗어난 것 같아서 스스로 대견하다는 생각도 들더군요. 누군가의 롤 모델이 되고 있다는 생각에 자기계발도 게을리할 수 없었습니다.

세 명의 신입사원을 멘토링하는 과정에서, 다른 사람의 결과물을 레버리지 삼아 일하는 방법을 터득하게 되었습니다. 그리고 팀 내에서 주니어 사원들을 이끌어 업무를 수행할 수 있는 파트 리더의 위치에 가게 되었습니다. 저의 직급상 맡기 어려운 직책이어서 약간 부담이 있었지만, 상사였던 팀장님과 함께 일하던 동료들이 도와준 덕분에 좋은 성과를 얻을 수도 있었지요.

꼰대가 되기는 싫지만

회사에서 마주치는 신입사원들에게 직접적으로 '새벽에 출근하세요'라고 권할 자신은 없습니다. 새벽잠은 소중하고, 워라밸은 타협 불가의 가치니까요. "나는 신입사원 때 6시에 나왔어"라고도 말하기도 쉽지 않은 일이지요. 그것이야말로 옛날 사람의 '라떼' 타령일 테니까요. 누군가 시켜서 강제로 새벽에 나와야 한다면, 그 유익을 온전히 누리기는 어려울 것입니다.

하지만 책에서는 꼭 이야기하고 싶습니다. 새벽 시간을 꼭 챙기는 것이야말로 워라밸과 삶의 질을 지킬 수 있는 가장 좋은 방법이라는 것을요.

연쇄적이고도 비약적인 성장을 이루고 싶다면, 새벽이라는 가치 있고 소중한 시간을 놓치지 말라고 권하고 싶습니다.

05

회사를 위해서가 아니라, 나를 위해서

새벽 풍경이 내게 준 깨달음

새벽 출근에 적응되었을 무렵, 아무도 없는 사무실에 앉았을 때 문득 이런 생각이 들었습니다. 지금은 경쟁에서 밀리지 않기 위해 이렇게 치열하게 살고 있지만, 이것이 삶의 목표일 수는 없겠다는 생각 말이지요. 회사에서 인정받으면 좋은 평가를 받을 테고, 운이 좋으면 일찍 승진도 하겠지만 거기까지라는 생각이 들었습니다. 언젠가는 회사라는 울타리를 떠날 때가 오겠지요. 그리고 고정적인 월급 없이 스스로 살아야만 하는 때가 오겠지요.

아직 먼 미래의 일이라고 생각되어서 그랬는지, 피부로 와닿지는 않았습니다. 하지만 반드시 다가올 일이라는 점에서 엄연한 현실이었지요. 주위 선배들 중 가장 나이가 많은 분이 연세가 얼마나 되었을까 생각해보면, 저에게 남은 시간이 마냥 긴 것만도 아니라는 생각이 들었습니다.

회사를 떠나도 계속되는 삶

지금 당장의 경쟁에서 밀리면 안 된다는 절박함은 아니었지만, 회사에 의존하지 않아도 살아남을 수 있어야 한다는 생각은 그 이후 계속 제 머릿속을 맴돌았습니다. 그런 생각이 든 이상, 회사에 있는 지금이야말로 홀로서기 준비를 할 때라는 결론에 이르렀죠. 지금의 회사생활도 잘 해내야 하지만, 눈앞의 업무들에 파묻혀서 회사 너머 홀로서기를 준비할 기회를 흘려버리지는 말아야겠다고 다짐했습니다.

막연하지만 '나만의 것'을 가져야겠다는 생각이 들었습니다. 안정적인 삶이 주어졌을 때, 어쨌든 혼자서 먹고살 만한 무기를 만들고 싶었지요. 나만의 기술이 되었든 지식이 되었든, 세상에 내세울 만한 게 있어야 한다는 결론에 이르렀어요.

금전적 자본이 없었기 때문에, 대규모의 자본투하가 필요한 사업을 하기는 어려워 보였습니다. 무엇을 하더라도 결국은 지식이 기반이 되어야 한다고 믿었기 때문에, 나만의 지적 자본을 축적해야 할 것 같았습니다. 그게 어떤 분야가 될지는 모르지만요.

새벽에 확보한 나만의 시간을 이용해 탐색을 시작했습니다. 이것저것 닥치는 대로 책도 찾아보고, 유튜브도 검색해보았습니다. 부동산 공부도 해보고, 주식 공부도 해보았습니다. 나에게 맞는 것은 무엇일까 하는 고민으로, 새벽에 깨어 2시간씩 골똘히 생각에 잠긴 적도 있었습니다.

회사 밖 내 모습 그려보기

많은 자기계발 도서를 탐독해본 결과, 회사에서의 경험 자체가 나만의 지적 자본이 될 수 있다는 것을 알게 되었습니다. 내가 직접 시간 바쳐 몸 바쳐 겪어낸 경험들은 나만의 고유한 자산이고, 누구도 카피할 수 없는 콘텐츠라는 것이지요. 이 말에 공감도 되었지만, 한편으로 또 다른 막막함을 상대해야 했습니다.

저는 반도체 회사에 다니고 있습니다. 대부분의 기술 기반의 회사가 그렇겠지만, 제가 다니는 회사는 엄격한 기술보안이 요구되는 직종입니다. 경쟁이 워낙 치열하고, 사소한 기술의 유출이라도 회사의 전략적 로드맵에 심각한 영향을 줄 수 있기 때문에 엔지니어들은 철저한 기술보안 규제를 적용받고 있습니다. 심지어 동종 업계로의 이직도 제한되어 있었지요.

반도체를 열심히 만든 경험으로 나만의 사업을 할 수 있을까? 그것도 어려워 보였습니다. 기본적으로 막대한 투하자본이 필요한 산업이기 때문이지요. 유튜브에서 자신만의 콘텐츠로 영상을 만들어 올리는 전문직 종사자들이 부러웠습니다. 의사나 변호사는 자기 업종의 전문 지식과 대중 사이에 접촉 면적이 꽤 넓은 편이지요. 그리고 그들의 콘텐츠는 보는 사람들에게 영향을 꽤 미치지요. 건강을 잃으면 누구나 큰 타격을 입게 되고, 민형사상의 소송에 휘말리면 인생이 휘청거리니 말입니다.

이런저런 생각에 참 막막한 나날을 보냈습니다. 나는 왜 법대나 의대를 가지 않았을까 하는 쓸데없는 생각도 했었어요. 갈 실력도 안 되었으면서 말이죠.

어느 새벽에 흥미로운 유튜브 영상을 보게 되었습니다. 한 회사원이 운영하는 채널이었는데, 직장생활에서 얻은 경험과 통찰을 바탕으로 이야기를 풀어내는 영상이었어요. 신입 후배들에게 해주고 싶은 이야기나 직장생활에서의 고민에 대한 솔직한 마음을 공유하는 영상을 보니 공감도 많이 되었지요. 무릎을 치고 동의하는 부분도 있었고, 나와 생각이 다른 부분도 있었습니다.

평범한 사람이 하는 평범한 이야기가 누군가에게는 영감을 줄 수 있겠다는 생각이 들었습니다. 직장생활 조언이라는 게 내가 원치 않을 때 들으면 꼰대의 잔소리로 생각되지만, 한편으로는 정신 차리겠다고 일부러라도 뼈 때리는 말을 찾아서 듣지 않습니까?

저도 회사 내에서의 경험을 잘 활용해서, 저와 같은 고민을 겪은 분들에게 도움을 주고 싶다는 마음이 들었습니다. 아주 작은 경험이라도 먼저 겪어보고 이야기해준다면 도움이 될 수 있겠다는 자신감도 들었고요. 그때부터 저는 회사생활을 하면서 겪는 다양한 상황들을 주목해서 보기 시작했습니다. 그 안에서의 느낌, 생각 그리고 나만의 관점을 떠올려보려고 노력하게 되었어요.

아주 이기적인 회사생활

나만의 관점을 만들려는 생각을 가지고 회사생활을 하다 보니, 그냥 평범한 일상들이 새롭게 다가오는 게 느껴졌습니다. 고과를 잘 받기 위한 치열한 경쟁도 결국은 돋보이기 위한 마케팅 활동의 일부라는 생각이 들었습니다. A, B, C로 이어지는 업무 성과의 서열화도 결국은 소비자의 선호에 따라 결정되는 것이라는 사실을 깨달았습니다. 그 과정에서 내가 만드는 발표 자료의 고객이 누구인지, 그들에게 필요한 데이터가 무엇인지를 고민하는 습관도 생겼습니다. 내가 하고 싶은 말보다, 그들이 듣고 싶은 말이 무엇인지를 좀 더 고민해보기도 했습니다.

협업 부서와 미팅하면서 심한 논쟁을 벌이는 것도 결국 사람 사는 모습을 보여주는 것 같았습니다. 각자 양보할 수 없는 것은 잠시 미뤄두고, 서로가 원하는 것을 주고받기 위해 접점을 찾아나가는 과정이라는 걸 알게 되었지요. 협업 부서 사람과 개인적으로 미팅하면서 부서에 대한 불평, 서운한 점을 이야기하면 잘 적어두었다가 제안 자료로 만들어 부서 내에서 좋은 평가를 받기도 했습니다.

제가 맡은 분야에서 계속해서 보고서를 발행하고, 누가 시키지 않아도 일주일에 한 번씩 상황 공유 형식으로 자료도 만들어 배포했습니다. 그 과정에서 '이 업무는 ○○ 책임'이라는 암묵적인 공식이 생기기도 했지요. 부서 내 선후배뿐 아니라, 타 부서에서도 그 업무에 관한 내용을 물어보려면 다 저를 찾아왔습니다. 나중에 알게 된 것이지만, 그런 것이 일종의 브랜드라는 것도 알게 되었어요.

결국 회사에서의 삶은 '회사'를 위한 삶일 뿐 아니라 '독립한 나'의 삶을 살아 내기 위한 삶의 기술을 익히는 과정이라는 것을 깨달았습니다.

밀도 있는 시간이 만든 변화

'내 경험을 축적해야겠다'라는 생각으로 눈에 불을 켜고 관찰하다 보니, 자연스럽게 시간의 농도가 올라가는 것이 느껴졌습니다. 데이터를 볼 때도 하나하나 꼼꼼하게 살펴보는 습관이 들었습니다. 내 브랜드 영역에서 놓친 것을 누군가 가져갈까 싶어 업무도 더 빈틈없이 하려고 노력하게 되었어요.

회사 업무와 개인의 삶을 위한 경험 축적이 같은 방향으로 놓이게 되니, 업무도 꽤 재미있어졌습니다. 업무가 목숨 걸고 하는 전쟁이라기보다는 아이템을 놓고 경쟁하는 게임같이 느껴지더군요. 스트레스 지수도 내려가고, 정말 신나게 일했던 기간이었습니다.

경험을 축적하려면 기록도 열심히 해야 하니까, 메모도 많이 했습니다. 글로 쓰는 과정에서 생각이 정리되기도 하고, 빠른 생각 모드에서는 하지 못했던 아이디어도 떠올랐어요. 경험을 체계화하기 위해 책도 읽고 관심 분야의 공부도 하면서, 블로그에 글도 쓰고 유튜브에 영상도 올리면서, 직간접적인 경험을 축적해나갔습니다.

결국은 나만을 위한 시간이 필요합니다. 눈앞의 회사 일도 중요하지만, 회사라는 울타리를 넘어 내 인생을 살아가기 위한 치열한 고민의 시간이 꼭 필요합니다. 내 인생을 위한 중요한 시간인 만큼, 가장 질 높은 신선한 시간을 나를 위해 떼어두는 것이 필요합니다.

06

더 나은 나를 만드는
새벽 시스템

새벽을 지키니 컨디션이 좋아졌다

새벽에 일어나는 습관을 지속하다 보니, 컨디션이 꽤 좋아진 것을 체감하게 되었습니다. 올빼미처럼 늦게 자고 깨는 패턴을 가졌던 대학원 시절에 비하면, 나이를 거꾸로 먹은 것이 아닌가 생각이 들 정도로 체력과 활기가 개선된 것을 몸으로 느낄 수 있었습니다. 대학원 시절에는 온종일 머리가 무겁고, 몸을 움직이는 것도 귀찮을 때가 많았거든요. 어찌 된 일인지 회사에 와서는 정신적으로 더 명료하고, 몸을 움직이는 것에 대한 저항감도 훨씬 줄어들었습니다.

회사생활은 학생으로서의 생활보다는 좀 더 규칙적으로 돌아갔기 때문에 몸이 그에 적응하면서 불필요한 의지력의 소모가 줄어들었기 때문일 수도 있습니다. 좋든 싫든 아침에는 깨어서 출근해야 했고, 밤에는 자연히 피로가 쌓여서 잠들어야 했으니 말이지요. 야행성으로 살 때보다는 해가 뜨고 지는 것에 맞추어 생활하는 것이 불필요한 체력적 소모를 줄이는 좋은 방법이라는 것을 깨닫게 되었습니다.

질 좋은 수면을 차곡차곡

매슈 워커의 《우리는 왜 잠을 자야 할까》에 따르면, 우리 몸은 자연적으로 약 24시간 주기에 맞추어 자고 깨도록 설계되어 있다고 합니다. 저녁이 되어 빛의 양이 줄어들면, 체내에서 분비되는 멜라토닌의 양이 늘어나면서 신체와 두뇌가 수면 모드에 들어갈 수 있도록 '리셋'이 되는 것이지요. 잠이 드는 순간부터 멜라토닌의 농도가 줄어들다가, 아침 햇빛의 자극을 받게 되면 멜라토닌이 차단되어 잠에서 깨어납니다. 이런 리듬에 따라서, 주행성 동물(물론 사람도 포함해서)들의 각성도는 낮에 올라가고 밤에 떨어지게 된다는 것이지요.

아침에 깨어나고 밤에 잠드는 것이 자연의 이치에 가장 잘 맞는 생활 리듬이라는 점에서, 일찍 일어나는 생활 습관이 체력과 건강에 긍정적인 영향을 준다는 연구 결과들은 매우 자연스럽

습니다. 연구에 따르면 일찍 일어나는 습관(즉 일찍 잠드는 습관)
은 수면의 질을 개선한다고 합니다. 같은 시간 잠을 자더라도 빛
에 의한 방해를 최대한 줄인 상태로 몸과 마음에 충분한 휴식을
제공할 수 있는 것이지요. 질 좋은 수면은 곧 깨어 있을 때 더 많
은 정신적/육체적 에너지를 공급할 수 있다는 의미입니다. 집중
력과 의지력, 더 많은 의욕을 얻을 수 있는 것은 매우 자연스러운
결과겠지요.

아침 먹을 시간이 생기다

아침 식사를 할 기회가 생긴다는 것은 새벽 시간 활용의 가
장 좋은 장점이라고 할 수 있습니다. 학생 시절 저는 아침 식사
를 챙겨 먹어본 적이 거의 없습니다. 거의 매일 늦게 잤기 때문에
10분의 아침잠이 식사보다 더 절실했지요. 회사원이 되어 새벽
에 깨어 생활하고 난 다음부터는 거의 매일 아침 식사를 했습니
다. 일어난 지 얼마 안 된 시간에는 입맛이 없지만, 잠이 깨고 나
면 자연히 허기가 찾아왔습니다. 출근했을 때에는 구내식당에서
밥을 먹었고, 집에서 자기계발을 할 때에도 과일이나 우유 등으
로 반드시 요기를 했습니다.

아침에 적당한 양의 식사로 에너지를 공급했을 때의 두뇌 효
율은 3~4일 정도 지속적으로 실행해보면 바로 체감할 수 있습니

다. 늦게 일어나서 아침 식사를 할 겨를도 없이 출근한 날은 오전 내내 집중력과 의욕이 저하된 상태를 겪어야 했지요. 당분이 공급되지 않으면 사소한 일에도 불쾌감을 느끼게 되고, 그만큼 동료들과의 관계에도 좋지 않은 영향을 끼치게 되었지요. 하지만 꼬박꼬박 아침 식사를 하면서부터 집중이 잘되었고, 오전의 업무 효율이 더 올라가는 것을 느꼈습니다.

휴일에도 동일한 효과를 보았습니다. 아침 식사를 하지 않고 독서할 때에는 한자리에 앉아서 스무 페이지 읽으면서도 주의가 산만했는데, 아침 식사를 한 날은 시간당 독서 효율이 2배 정도 올라간 것을 확인할 수 있었습니다. 글쓰기 효율도 올라갔지요. 아침 식사를 하지 않은 날은 썼다 지우기를 수십 번 반복하곤 했는데, 충분한 열량을 두뇌에 공급한 상태에서는 앉은 자리에서 열 페이지 이상 쓰는 것이 크게 어렵지 않았습니다.

몸짱은 못 되더라도

새벽에 일찍 일어나게 되면서 얻게 된 또 한 가지 유익은 가벼운 운동을 할 기회를 얻게 되었다는 점입니다. 몸짱이 되기 위한 운동이라기보다는 체력 유지를 위한 운동의 필요성을 절감하게 되었거든요.

학생 시절에는 운동의 중요성을 크게 느끼지 못했습니다. 운동이라 함은 근육질의 멋진 몸을 만들기 위해 하는 웨이트 트레이닝 정도로만 생각했었지요. 달리기나 걷기 같은 유산소 운동이 활력을 유지하고 업무 효율을 올린다는 사실을 알게 된 후로는 매일은 아니더라도 꾸준히 몸을 움직이기 위해서 노력하고 있습니다. 예를 들면 출근길에 버스를 타는 대신 걸어서 출근한다거나, 또는 자전거를 타고 이동하는 방법으로 모자란 운동을 보충하는 것이지요.

운동의 효과를 체감하는 데까지는 상당한 시간이 걸리지만, 루틴이 될 만큼 반복하다 보면 운동에 의한 활력과 체력의 향상 효과를 뚜렷이 볼 수 있습니다. 아침에 조금이라도 몸을 움직인 날은 기분도 좋고, 오전 내내 각성도가 올라가는 것을 경험했습니다.

운동이 건강에 필수적이라는 사실을 모르는 사람은 없지만, 운동할 수 있는 시간을 따로 만드는 것은 쉬운 일이 아닙니다. 보통 퇴근 후로 미루어두지만, 지친 몸과 바닥난 의지력을 이겨내고 운동을 하는 것은 어지간히 운동에 숙달된 사람이 아니라면 실행하기 어려운 일이지요. 충분한 잠으로 피로를 회복한 뒤, 가장 의욕이 넘치는 새벽 시간이야말로 몸과 뇌를 위한 운동에 투자하기 적절한 기회입니다.

새벽은 시스템이다

새벽의 진정한 유익은 이것이 하나의 시스템이 되어 다른 좋은 습관과 결합할 기회가 많이 생긴다는 점에 있습니다. 아침을 먹는 습관, 운동하는 습관, 책 읽는 습관, 글 쓰는 습관 등 체화되면 유익한 습관은 정말 많지만, 이것을 실행할 수 있는 시간을 낸다는 것은 정말 어려운 일입니다. 낮에는 본업에 집중해야 하고, 저녁에는 몸과 마음이 지쳐서 방전되어 있기 때문이지요. 새벽에 일어나는 습관이 정착하고 나면, 평소에 가지고 싶었던 좋은 습관과 결합해서 더 나은 나를 만들어갈 기회를 잡게 됩니다.

지속적으로 자기계발을 해나가려면, 엔진이 필요합니다. 자동차 기어를 중립에 넣고 뒤에서 밀면 차가 움직이지요. 1~2미터 정도는 움직일 수 있겠지만, 차를 타고 서울에서 부산까지 가려면 엔진의 힘을 사용해야만 합니다. 일단 엔진이 돌기 시작하면 이동할 수도 있고, 에어컨도 켜고, 전조등도 켤 수 있습니다. 마찬가지로 '꺼지지 않고 지속할 수 있는 어떤 행위'로서의 엔진, 즉 시스템이 있어야 여러 가지 여러 활동을 얹어 나갈 수 있는 것이지요.

처음부터 무리하기보다는 단 30분이라도 새벽에 나만의 시간을 가져보는 연습을 해보면 좋겠습니다. 그것이 엔진이 되어 더 나은 나를 만드는 데 기여한다는 것을 알고 나면, 엔진을 차차 업그레이드하고 싶은 마음이 들 것입니다. 그러면 1시간, 1시간 30분으로 차차 늘려가는 것이지요. 점점 더 나은 나를 만들기 위한 첫 출발을 새벽에 시작해보면 어떨까요?

07

자존감을 올려주는
새벽 테라피

자존감 업그레이드

대학원 시절을 돌이켜보면, 저는 전반적으로 자신감이 많이 부족했던 것 같습니다. 나름대로 공부에 자신 있어서 대학원까지 들어갔는데, 그곳에서 만난 동료들에 비하면 저 스스로가 너무 보잘것없게 느껴졌기 때문이었어요. 연구실 동료들은 엄청난 천재이거나, 괴물 같은 근성을 가진 노력파들이었습니다. 그런 동료들과 함께 있으니, 스스로 자존감을 갖기가 매우 어렵더군요. 게다가 연구라는 활동 자체가 불확실성을 뚫고 나가는 과정이다 보니, 앞날을 예측할 수 없어서 불안한 나날이 지속되었습니다.

직장인이 되어 새벽에 일어나는 습관을 지속하면서 얻게 된
또 한 가지의 유익은 자존감이 크게 향상되었다는 것입니다. 더
자고 싶은 관성을 물리치고 잠에서 깨어났다는 자체가 큰 승리
를 맛보고 시작하는 것이지요.

무엇이든 '어쩔 수 없이' 하는 것과 '스스로 선택해서' 하는 것
사이에는 엄청난 차이가 있습니다. 효율성뿐 아니라 마음가짐부
터 달라지지요. 8시에는 '어쩔 수 없이' 일어나야 하지만, 6시에
는 '스스로 선택해서' 일어날 수 있습니다. 자기 행동을 스스로
선택했다는 사실 자체가 주도적인 삶으로 한발 더 나아갔다는
것을 의미합니다.

첫 승리가 중요하다

조직에 속해 있는 사람이 자기 삶을 마음대로 통제하는 것은
쉽지 않습니다. 통제권이 없는 삶이 계속되다 보면, 자존감과 의
욕이 떨어지게 되지요. 이런 패턴은 수년에 걸쳐 누적되는 것이
어서, 익숙해지기 전에 각성하지 않으면 되돌리기가 매우 어렵
습니다.

새벽에 일찍 깨어나는 것은 타의에 의해 결정되는 삶이 되지
않도록 삶의 주도권을 되찾아오는 첫 번째 스텝입니다. 내 의지
대로 결정할 수 있는 것이 별로 없는 하루 일과의 첫 시간에 승

기를 잡는 것이지요. 일어나는 것도 내가 결정할 수 있고, 그렇게 얻은 시간에 무엇을 할지도 온전히 내가 결정할 수 있습니다.

자존감은 나의 능력과 가치에 대한 스스로의 평가와 태도를 의미합니다. 자존감은 일종의 신념입니다. 신념이 형성되기 위해서는 그 신념을 뒷받침할 만한 나름대로의 근거가 필요합니다. 스스로가 능력 있고 가치 있는 사람이라는 것을 지지해줄 만한 성공의 경험이 필요하다는 것이지요.

여기서 말하는 성공의 경험이 모두가 놀랄 만한 엄청난 업적일 필요는 없습니다. 많은 정신건강 전문가의 공통된 견해에 따르면, 작은 승리의 습관을 지속적으로 쌓아나가는 것이 자존감 형성에 매우 큰 역할을 한다고 합니다. '나도 할 수 있구나'라는 경험을 쌓아나가는 과정에서 자기 존중감이 조금씩 회복되고, 이것이 누적되어 건강한 자아를 형성할 수 있다는 것이지요.

작은 성공이 쌓이면

아침에 10분이든 20분이든 의도적으로 일찍 일어나는 것은 성공의 경험을 누적하는 가장 좋은 방법입니다. 아침 7시를 표준 기상 시간으로 삼았다면, 매일매일 이보다 일찍 일어난 시간을 누적해서 기록하는 것입니다. 첫날 30분 일찍 일어났고 둘째 날 1시간 일찍 일어났다면, 누적 1시간 30분을 벌게 된 것이지요.

매일매일 일어난 시간을 누적해서 기록하다 보면, 작아 보이는 매일의 성과가 쌓여서 얼마나 큰 결과에 이르게 되는지를 체감할 수 있습니다. 그래프로 만들어 시각화하는 것도 좋은 방법입니다. 가로축에 날짜를 적고, 세로축에 '누적 시간'을 기록해나가면 우상향하는 그래프가 주는 성취감이 자존감 향상에 크게 기여할 것입니다.

새벽에 누리는 고요한 시간에, 하루의 시작부터 성공을 확보했다는 승리감을 만끽해보십시오. 그 자신감을 바탕으로 '오늘 하루도 후회 없이 살아내겠어'라고 결의하는 시간을 가지는 것도 좋은 방법입니다. 종교가 있다면 마음속으로 기도를 하면서 하루를 이겨낼 힘을 얻을 수도 있습니다. 명상을 통해서 긍정적인 자아상을 그려내는 것도 좋은 방법이지요. 이런 과정 역시 자존감을 향상시킬 수 있는 방법입니다. 아침에 일찍 일어난 것 자체로도 성공의 경험을 쌓은 것인데, 성공했다는 승리감을 극대화하고 이 승리를 이어가겠다는 결의를 다지는 과정에서 잠재의식에 긍정적인 자아상이 각인되는 효과를 얻을 수 있습니다.

문제는, 자존감이야

자존감은 성과의 양과 질을 좌우합니다. 자존감이 높지 않으면 잘해보려는 의욕을 갖기 어렵습니다. 그저 최악을 면하기에만 급급할 뿐이지요. 예를 들면 시시각각 다가오는 상사와의 미팅에서 '깨지지' 않기 위해서만 일하게 됩니다. 새로운 것을 시도할 기회가 있을 때에도 '잘된다는 보장이 없어'라는 생각 때문에 시작하기 매우 어렵게 됩니다. 마지못해 등 떠밀려 시도한 일들도 최선의 결과를 만들어낼 수 있다는 자신감이 없으니 적극적으로 시도하기 어렵게 됩니다.

새벽 출근으로 작은 성공과 승리의 흔적을 차곡차곡 쌓아나가기 시작하니, 일상생활과 업무에 임하는 태도도 달라지기 시작했습니다. 거절당하는 것이 두려워 협조 전화 한 통 걸 때에도 수십 번을 망설이곤 했던 제가, 자존감이 회복되고 난 이후에는 적극적으로 도움을 요청하게 되었습니다. 여러 사람의 협조가 필요한 이슈가 생기면 메신저 창에 관련된 사람들을 모두 초대해서 "긴급한 상황인데, 10분 뒤에 잠깐 보실까요?"라고 말하는 것이 전혀 두렵지 않게 되더군요.

자신감이 생기니 새로운 아이디어를 떠올리는 것도 빨라졌습니다. 아이디어가 떠오르면 '실행해보면 의미 있는 데이터가 나올 것 같은데?'라는 생각이 들더군요. '힘만 들겠지, 잘 되겠어?'라는 생각과는 완전 정반대지요. 물론 대부분의 아이디어가 그렇듯 100% 모두 좋은 결과를 얻지는 못했습니다. 그래도 양에서 질이 나온다고, 어떤 것들은 좋은 결과를 얻어 팀의 업무 표준을 바꾸는 데 기여하기도 했습니다.

자존감이 생기면 자아상이 달라집니다. 작은 성취를 차곡차곡 쌓아나가면서 자존감이 업그레이드된 이후에는 제 정체성을 '실력 있고 자존심 있는 엔지니어'로 바꾸게 되었습니다. 걸음걸이도 빨라지고, 어깨도 펴지고, 표정도 밝아지게 되더군요. 근력 운동과는 거리가 먼 저였는데, 동료 엔지니어로부터 "책임님, 요즘 운동하세요? 어깨가 넓어진 것 같아요"라는 말도 들었습니다. 마음의 어깨가 펴지니 몸의 어깨도 펴진 것이겠지요.

자존감과 성과의 선순환

어떤 행동의 '결과'가 '원인'에 영향을 주는 연결고리를 일컬어 '피드백 루프feedback loop'라고 합니다. 공학 분야에서 흔히 사용하는 용어인데, 결과가 원인을 증폭하는 방향으로 작용하면 '포지티브positive 피드백'이라 하고, 결과가 원인을 억제하는 방향으로 작용하면 '네거티브negative 피드백'이라고 합니다.

자존감과 성과는 대표적인 포지티브 피드백 루프라고 볼 수 있습니다. 자존감이 높아지면 성과가 올라가고, 올라간 성과가 자존감을 지지하는 증거가 되어 자존감을 더욱 강화하는 것이지요. 1등도 해본 사람이 계속하는 이유가 여기에 있다고 보아도 무방하다고 생각합니다. 1등을 해본 경험이 '챔피언'이라는 자기 정체성을 강화하고, 그렇게 강화된 자기 정체성이 기술 습득과 훈련에 더욱 매진하게 만드는 것이니까요.

포지티브 피드백 시스템이 작동하기 위해서 반드시 필요한 것이 있는데, 바로 최소한의 임계점을 넘는 입력이 주어져야 한다는 것입니다. 원인이 되는 입력의 강도가 일정 수준이 되지 않으면, 피드백 시스템은 작동하지 않습니다. 직장생활에 대입해본다면, 최소한의 성공 경험이 쌓이는 것이 중요한 것이지요.

업무에서 성과란 마음대로 낼 수 있는 것이 아니지만, 삶에서의 작은 성공 경험은 얼마든지 인위적으로 만들어낼 수 있습니다. 일찍 일어나는 것은 언제든지 누적시킬 수 있는 작은 성공 경험이지요. 작은 성공 경험이라도 절대 무시해서는 안 됩니다. 임계치를 넘는 순간, 자존감과 성과 사이의 포지티브 피드백 루프가 작동하게 될 테니까요.

2부

앞서나가는
직장인의
새벽 활용법

01

덩어리 시간을 확보해야
성과를 낼 수 있다

덩어리 시간 확보의 중요성

피터 드러커 교수의 책《자기경영노트》를 보면 지식근로자의 과업은 최소한의 성과를 달성하기 위해서 상당히 많은 시간을 필요로 하며, 이때 사용 가능 시간이 짧은 단위로 나뉘어 있다면 전체 시간의 양이 아무리 많아도 부족하게 된다고 합니다. 요컨대 지식근로자들이 성과를 내기 위해서는 아무에게도 방해받지 않는 연속적인 시간을 충분히 확보해야만 성과를 낼 수 있다는 것입니다.

실제로 직장에서 데이터를 분석하거나 보고서를 작성하는 작업, 또는 히스토리를 파악하는 작업을 하는 데는 소요되는 시간의 총량도 클 뿐 아니라, 방해받지 않는 연속적인 덩어리로 시간이 확보되어야 합니다. 같은 2시간이 소요되는 일이라도, 20분씩 6번에 나누어 하는 것보다는 2시간을 통째로 확보해야 한다는 것이지요.

몰입을 위해서는 연속된 시간이 필요하다

대부분의 지식근로자가 맡은 일은 고도의 집중과 몰입을 필요로 합니다. 충분한 시간 동안 집중해서 생각할 수 있어야, 입력받은 정보들과 기존에 알고 있던 정보들이 서로 연결될 수 있습니다. 정보와 정보의 새로운 연결은 지식이 되고, 이렇게 연결된 지식이 충분히 쌓여야 새로운 아이디어로 발전할 수 있습니다.

연구에 따르면, 적당한 수준의 난이도가 있는 일에 충분히 집중하기 위해서는 20분 이상의 시간이 소요된다고 합니다. 최소 20분 정도는 한 문제에 방해 없이 몰두할 수 있어야 그 이후부터 조금씩 작업의 효율이 높아지고, 원하는 성과를 원하는 시간대에 낼 수 있다는 것이지요. 따라서 보고서 작업이든 데이터 분석 작업이든 부분적으로라도 의미 있는 성과를 내기 위해서는 최소 30분에서 1시간 정도의 연속적인 시간을 확보하는 것이 매우 중요합니다.

덩어리 시간을 확보하기 정말 어려운 일과시간

많은 기업에서는 직원들이 불필요한 잡무에 의한 시간 낭비를 줄이고 업무에 몰입할 수 있도록 여러 장치를 두고 있습니다. 집중해서 일할 수 있도록 회의 금지 시간대를 두는 경우도 있고, 특별히 원하는 직원들은 신청에 의해 정해진 시간만큼 분리된 공간을 사용하는 경우도 있지요. 하지만 여러 사람이 함께 모여 일하는 것은 회사의 본질입니다. 대화하고 소통하고 의견을 나누고 조율하면서 일이 진행됩니다. 때문에 장시간 혼자서 집중적으로 일할 수 있는 환경이 조성되는 것은 어려울 수밖에 없지요.

대학원 생활을 할 때였습니다. 석사과정 시절 학과 공부와 연구, 실험실 업무 등을 병행해야 하는 상황이었지요. 기말고사를 앞두고 있던 저는 기말시험 준비를 위한 시간대를 평일 낮으로 배정했습니다. 그때는 정기적인 미팅이나 외부와의 약속이 없었기 때문에 몰입해서 공부할 수 있을 것이라고 생각했었죠.

예상하셨겠지만, 저는 단 10분도 공부할 수 없었습니다. 선배들이 끊임없이 불렀기 때문이죠. 연구실에 비품이 떨어졌으니 가서 구비해 와라, 과제 제안서 긴급히 수정해야 할 일이 있으니 잠깐 논의 좀 하자, 교수님이 부르시니 지금 빨리 찾아 뵈어라 등등.

회사든 연구실이든, 여러 사람이 모여 일하는 낮 시간대에 집중할 수가 없는 것은 너무도 당연한 일입니다. 낮 시간대는 원래 소통하고 논의하라고(즉 몰입을 방해하라고) 존재하는 시간이기 때문이죠. 이런 일은 신입사원일수록 더 자주 일어납니다. 신입사원은 끊임없는 잡무에 노출되어 있기 때문이죠.

성과를 내기 위해서는 많은 시간이, 그것도 연속된 단위의 많은 시간이 필요합니다. 그런데 일과시간에 그런 시간이 허락되지 않는다면 어떻게 해야 할까요? 슬픈 일이지만, 현실을 냉정하게 직시하는 것도 필요하다고 생각합니다. 그저 그런 평범한 직장인을 벗어나 업무적인 리더십을 가진 인재가 되고 싶다면, 별도의 시간을 확보해 역량을 계발할 수밖에 없습니다.

역량 계발을 위한 별도의 시간을 확보하라

스마트하게 일하는 뛰어난 직장인이 되고 싶다면, 자기만의 역량 계발을 위한 별도의 시간을 반드시 확보해야 합니다. 주어진 일은 누구나 잘 해냅니다. 상사나 선배가 시킨 일, 동료로부터 부탁받은 업무, 그리고 루틴에 따라 매일같이 해야 하는 일과성 업무 등을 잘 해내는 것은 가장 기본이지요.

물론 주어진 업무조차 잘 해내지 못한다면 조직에 폐를 끼치는 사람이 되겠지요. 하지만 그런 케이스를 면한다고 해서 뛰어난 직장인이 되는 것은 아닙니다. 많은 사람이 그 정도는 이미 잘 해내고 있고, 누구나 그 정도는 기대하기 때문입니다.

직장에서 업무역량이 뛰어나다고 인정받기 원한다면, 그래서 지위나 직책에 상관없이 의견을 존중받는 사람이 되기를 원한다면, 상사나 동료가 기대하는 그 이상의 성과나 역량을 보여주어야 합니다. 신입사원 연차에서 당연히 기대되는 업무 성과뿐 아니라, 자기보다 3~4년 차 앞선 선배들의 커리어에서 기대되는 업무역량을 보여준다면, 당연히 돋보이고 두각을 나타낼 수 있습니다. 인정받을 뿐 아니라, 본인 스스로도 더 즐겁고 행복한 직장생활을 해나갈 수 있지요.

때문에 저는 행복한 직장생활을 위해서 자신만을 위한 업무역량 계발을 위한 시간을 확보하라고 권하고 싶습니다. 그리고 그것을 실현하기 위한 가장 좋은 시간대는 바로 아무도 출근하지 않은 이른 새벽 시간대라는 것이지요.

일과 삶의 조화, 소위 '워라밸'이 강조되고 있는 시대입니다. 노동 시간을 점점 줄이고 개인의 삶을 더 중시하는 것은 이미 대세인 것 같습니다. 이런 시점에 일과 외의 시간을 업무에 투입하라고 하는 것은 어쩌면 시대착오적인 요구일지도 모르겠습니다.

스스로의 의지와 상관없이 어쩔 수 없이 남아 있는 것이라면, 그런 추가 근무는 근절되는 것이 마땅하겠지요. 또는 내키지 않으나 일이 많아서 어쩔 수 없이 추가 근무를 해야 한다면 그 역시도 행복한 일은 아닐 것입니다.

하지만 관점을 조금 바꿔서, 회사를 위해서 하루에 8시간을 투입한 만큼, 나를 위해서 2~3시간 정도를 투입해보는 것은 어떨까요? 어차피 앞으로 십수 년 동안 가장 많은 시간을 보낼 회사에서 내 가치를 올리고 내 영향력을 키우기 위한 투자 시간이라고 생각한다면, 그래서 자발적으로 역량 계발에 시간을 투자한다면 그것은 하기 싫은 노동의 연장보다는 자기계발에 가까울 것입니다.

물론 시간을 많이 투입한다고 좋은 성과물이 나오는 것은 아닙니다. 하지만 충분한 시간을 투자한다면, 짧은 시간 내에 업무 역량과 실력, 조직 내에서 여러분의 영향력이 증가하는 마법을 맛볼 수 있습니다.

02

3배 이상 능률적인 시간을 확보하라

고도의 몰입을 수행하기 위한 최적의 시간대는 저녁이 아닌 이른 아침이라고 저는 확신합니다. 새벽 시간은 환경적·신체적· 정신적으로 집중적인 두뇌 활동을 하기에 가장 최적화된 시간이기 때문이지요. 그럼 새벽 시간이 가지는 독보적인 장점에 대해 알아보겠습니다.

체력적으로 제일 충전된 시간

새벽 시간이 가지는 첫 번째 장점은 체력적으로 가장 충전되어 있다는 사실입니다. 이는 저녁 시간과 비교할 수 없는 독보적인 장점입니다. 저녁 시간이 되면 어깨와 목덜미가 뭉치고 등과 허리에 통증이 나타나는 사람들이 많이 있습니다. 온종일 의자에 앉아서 모니터를 들여다보고 있으니, 몸을 지탱해주는 근육에 피로가 쌓이는 것은 당연하겠지요.

여기에 온종일 각종 회의에 보고 등으로 인해 두뇌를 무리하게 사용하고 나면, 집중력도 떨어질 수밖에 없습니다. 체력적으로 방전에 가까운 상태가 되는 것이지요. 이 상태에서 역량을 끌어올리기 위한 방편으로 야근을 한다면, 두뇌가 효과적으로 사용될 수 있을까요?

컴퓨터를 오랜 시간 끄지 않고 작업하다 보면, 시간이 지나면서 점점 느려지는 것을 경험하게 됩니다. 다양한 프로그램을 사용해서 작업하는 동안 메모리에 쓰레기 정보가 쌓이면서 최적화된 상태가 깨지는 것이지요. 컴퓨터를 재부팅하면 불필요한 정보들이 제거되고, 초기 상태로 복구되면서 속도가 회복됩니다.

우리 몸도 이와 같습니다. 수면을 통해 두뇌와 근육에 쌓여 있는 피로 물질이 제거된 직후가 가장 컨디션이 좋은 상태입니다. 역량 계발을 위한 가장 활력 있는 시간대를 찾는다면 새벽 시간을 포기하지 말아야 하는 첫 번째 이유가 여기에 있습니다.

의지력이 가장 높은 시간

사람의 의지력은 체력과 비례하는 경향이 있습니다. 이런 점에서 새벽 시간은 하루 중 의지력이 가장 높은 시간대입니다. 과거 의지력은 오로지 마음먹기의 문제라고 많이 생각했습니다. 그러나 많은 연구 결과에 따르면, 의지력은 신체의 피로도가 증가함에 따라 고갈되는 자원이라고 알려져 있습니다. 오랜 시간 달리기를 하면 체력이 바닥나듯, 오랜 시간 두뇌를 사용하면 의지력은 자연히 고갈됩니다.

피곤한 상태에서는 짜증이 쉽게 나는 것을 경험해본 분들이 많을 것입니다. 체력적으로 방전된 상태에서는 의지력이 고갈되기 때문이지요. 신경이 거슬리는 상황에서 짜증을 내려는 본능적인 욕구를 의지력으로 통제하기 어려워서 생기는 현상입니다.

일과시간 동안 정신적으로 육체적으로 고도의 에너지를 소비한 상태에서는 저녁까지 의지를 발휘해 의욕적으로 일하기가 쉽지 않습니다. 오전 시간에 '오늘은 저녁에 남아서 자료를 좀 살펴보고 가야겠다'라고 생각했다가도, 막상 퇴근 시간이 가까워지면 결심이 흔들리는 경험이 많을 것입니다. 시간이 가면서 의지력이 고갈되었기 때문이지요.

심신이 방전된 저녁 시간에 업무역량 강화를 위한 시간을 배정하는 것은 실패를 예약하는 것이나 마찬가지입니다. '오늘 저녁에는 남아서 역량 계발을 할 거야!'라는 당찬 의욕을 믿는 대신, 신체적·정신적 컨디션에 따라 신중하게 시간대별 활동을 설계해야 합니다.

이런 점에서 체력적으로 가장 충전된 새벽 시간에 자기계발과 업무역량 강화 활동을 배치한다면, 성공 확률이 훨씬 높아질 것입니다. 가장 의지력이 강한 시간이기 때문에 포기의 유혹을 느낄 가능성이 작기 때문이지요.

업무역량 계발이라는 목표는 다른 어떤 업무보다도 중요합니다. 지금 당장뿐 아니라 장기간에 걸쳐 영향을 미치는 중요한 과제이기 때문입니다. 중요한 일이라면 가장 중요한 시간대에 배정해서 의욕적으로 추진해나가야 합니다.

방해하는 사람이 없다

새벽 시간은 아무에게도 방해받지 않고 오로지 나를 위해 사용할 수 있는 시간입니다. 이런 점에서 이른 아침 1~2시간의 가치는 오후나 저녁 3~4시간의 가치보다 훨씬 우월합니다.

누구나 야근을 합니다. 흔한 패턴이지요. 일이 남아서, 눈치를 보느라, 회의를 하느라…. 다양한 이유로 많은 사람이 야근을 합니다. 역량 계발과 업무 공부에 집중할 수 있는 여건이 마련되기는 매우 힘듭니다.

저녁 시간은 사실상 일과시간의 연장입니다. 정규 일과시간만큼 분주하지는 않겠지만, 아마도 팀장은 밤 9시까지 자리를 지키면서 보고서를 쓸지도 모릅니다. 그리고 종종 자리로 불러서 이것저것 질문하거나 업무 지시를 하겠지요. 팀장은 낮 동안 온갖 회의에 불려 다니느라, 일과가 끝난 다음에야 팀 업무를 챙길 수 있을 테니 말이지요.

선배나 동료들이 수시로 오가면서 이것저것 물어볼 수도 있습니다. 모니터를 빤히 보고 지나갈 수도 있지요. 만약 여러분의 직장이 이와 같이 저녁에도 분주하고 상호 간에 활발하게 협업이 일어나는(!) 문화라면, 저녁 시간은 차분히 업무 자료를 보거나 아이디어를 얻기 위해 생각에 몰입할 수 있는 시간대로서는 적합하지 않습니다. 업무상 숙제를 하는 시간이라면 모르겠지만요.

그런 점에서 조용히 하루를 계획하고, 평상시에 보지 못했던 자료나 데이터도 살펴보고, 새로운 아이디어를 내기를 원하는 사람이라면 야근보다는 아침 시간을 활용하는 것이 가장 좋습니다. 새벽 시간에 출근하는 사람들은 드물기 때문에, 저녁보다는 훨씬 방해받지 않는 상태에서 조용히 일에 몰두할 수 있습니다.

전날 좀 망쳤어도 괜찮아, 리셋 버튼 누르면 되니까

하루도 빠짐없이 매일같이 만족스러운 삶을 사는 사람은 없을 것입니다. 누구라도 업무상 실수하기도 하고, 또는 의지력이 약해져서 하루 생활 패턴을 망치기도 합니다. 직장에서 화를 낼 때도 있고, 상사나 선배에게 혼이 나서 위축될 때도 있습니다.

크든 작든 부정적인 경험을 하고 나면, 자신감이 떨어지고 부정적인 감정에 빠지기 쉽습니다. 마음에 상처를 입고, 순간적으로 열등감에 빠지기도 하지요. 그래도 다행인 것은 우리에게는 '리셋' 버튼을 누르고 새롭게 시작할 수 있는 기회가 매일 아침 부여된다는 점입니다. 이런 점에서 아침 시간은 이전까지 망쳤어도 '새롭게 시작해보자'라는 결의를 다지기 좋은 때입니다.

밤에 잠을 충분히 자고 나면 신체적·정신적으로 회복될 뿐 아니라 감정적으로 회복됩니다. 매슈 워커 박사의 《우리는 왜 잠을 자야 할까》에 따르면, 잠은 감정에 관여하는 뇌 회로를 조정한다고 합니다. 이 때문에 전날 나쁜 일이 있었더라도 다음 날 다시 이겨낼 힘을 얻게 됩니다. 저자의 말을 인용하면, 수면은 우리 두뇌를 편안하게 하는 신경화학물질에 푹 담가서, 감정을 재조정하고 나쁜 기억을 누그러뜨리는 역할을 한다고 합니다.

전날 하루가 원하는 대로 흘러가지 않았어도, 걱정하지 말고 리셋 버튼을 누르면 됩니다. 그리고 신체적·감정적으로 가장 최적화된 상태에서 미래를 위한 지식 자본을 준비하면, 가장 빠른 성장을 누릴 수 있을 것입니다.

03

제1상한의 업무에
집중하라

시간을 관리하는 두 가지 방법론

시간은 지식근로자가 고유한 가치를 생산하기 위해 꼭 필요한 자원입니다. 따라서 어렵게 확보한 시간을 제대로 활용하는 것은 모든 지식생산자가 꼭 갖추어야 할 필수적인 기술이라고 할 수 있습니다. 시간을 잘 활용하는 방법에는 여러 가지 이론이 있습니다만, 널리 알려진 두 가지 방법론을 소개해보려고 합니다. 하나는 스티븐 코비를 비롯한 많은 컨설턴트가 권하고 있는 FTFFirst Thing First 방법론이고, 다른 하나는 데이비드 앨런이 주창한 GTDGet Things Done 방법론입니다.

FTF 방법론은 스티븐 코비의《소중한 것을 먼저 하라》는 책에서 자세히 소개되고 있습니다. 이 방법론의 핵심은 우리가 처리해야 할 모든 업무는 '중요성'과 '긴급성'이라는 두 가지 관점에서 네 가지 카테고리로 분류할 수 있다는 점입니다. 첫 번째는 중요하면서도 긴급한 일, 두 번째는 중요하지만 긴급하지는 않은 일, 세 번째는 중요하지 않으나 긴급한 일, 마지막 네 번째는 중요하지도 긴급하지도 않은 일입니다.

스티븐 코비는 우리가 긴급한 일에 대부분의 시간을 사용하느라, 정작 중요한 일에 시간을 쓰는 것을 등한시하고 있다고 지적합니다. 이런 관점에서 그는 내가 과연 중요한 업무에 시간을 사용하고 있는지를 면밀히 파악하고, 중요하지 않으나 긴급성만을 요하는 업무들은 위임하거나 포기함으로써 가치 있는 일에 더 집중할 것을 권하고 있습니다.

이와 반대로 데이비드 앨런은 그의 책《끝도 없는 일 깔끔하게 해치우기》에서 GTD 방법론을 소개합니다. 이 방법론은 주어진 모든 할 일을 한곳에 모은 뒤, '지금 당장 처리할 수 있는 것'에 집중해서 빠르게 행동을 취하라는 것입니다. 지금 당장 처리할 수 없는 일들이라면 달력에 표시해서 연기하거나, 또는 다른 사람에게 위임할 수 있는지를 평가해서 맡기고 기다리라는 것이지요.

이 방법론은 '실행'에 초점을 맞추고 있습니다. 지금 당장 주어진 시간은 '행동'을 하지 않으면 그냥 지나가 버리는 것이지요. 당장 내가 할 수 있는 것이 무엇인지에 집중해서 일거리들을 끝내놓는 것이 바람직하다는 관점입니다.

중요한 일에 집중하라

두 가지 방법론은 각각 장단점이 있습니다. 모든 상황에 다 들어맞는 방법론이란 존재하지 않습니다. 저는 여러 차례의 시행착오를 통해, 다른 사람과 분주하게 협업해야 하는 일과시간에는 GTD 방법론에 입각해서 업무들을 처리합니다. 그러나 혼자만의 재량이 주어진 조용한 시간에는 내 업무에서 중요한 것이 무엇인지를 평가하고 그 일을 진전시키기 위한 활동에 주력하는 편입니다.

새벽 시간은 다른 사람과 분주하게 소통하는 시간이라기보다는 혼자서 조용하게 사용할 수 있는 재량이 있는 시간입니다. 따라서 이 시간은 긴 시간 동안의 깊은 생각과 통찰이 필요한 중요한 업무에 시간을 투자하는 것이 바람직합니다. 내 업무에 본질적인 진전을 가져오지 않는 서류 처리나 사소한 행정 작업으로 허비해버리기에는 너무도 질 좋고 아까운 시간이기 때문이지요.

중요한 일인지를 판단하는 방법

많은 시간 관리 서적에서는 할 일의 중요성을 판단하는 방법을 제시합니다. 가장 많이 쓰이는 것은 톱-다운Top-Down 방법입니다. 내가 정말 중요하게 생각하는 가치가 무엇인지를 나열하고, 이 가치에 따라 장기적으로 성취하고 싶은 목표가 무엇인지를 설정합니다. 그리고 그 목표를 성취하기 위한 계획을 시간별로 나누고, 오늘 해야 할 일을 할당하는 것이지요. 이 방법론에서는 일의 중요성을 판단하는 기준이 '장기 비전을 성취하는 데 도움이 되는가'입니다.

그러나 현실적으로 이런 방법은 입사 1~2년 차의 신입사원 레벨에서 바로 적용하기 어렵습니다. 충분한 연차가 주어지지 않으면, 삶 전체를 아우르는 직업적 목표를 설정하기 어렵습니다. 그것을 달성하는 방법 또한 알기 어렵지요. 또한 실무 레벨에서의 일은 10~20년의 장기적인 비전에 따라 움직이기보다는 1~2년의 짧은 호흡을 가지고 움직이기 마련이지요. 이런 상황에서 '나와 우리 회사의 발전에 도움이 되는 것은 무엇일까?'를 가지고 업무의 우선순위를 정하는 것은 막연한 조언에 불과할 것입니다.

저는 다음의 관점에서 업무의 중요도를 판단하는 것을 제안합니다.

- **업무와 관련된 나의 지식을 넓혀주는 것인가?**

지식은 자본입니다. 종잣돈이지요. 종잣돈이 충분해야 그 돈을 활용해서 투자하면서 불려 나갈 수 있지요. 지식도 마찬가지입니다. 지식이 충분히 있어야 그것을 활용해서 업무 성과도 내고, 더 많은 지식을 쌓아나갈 수 있습니다.

회사생활을 하다 보면, 업무에 관한 지식이 충분히 축적된 사람과 그렇지 않은 사람 사이에 나타나는 차이를 알게 됩니다. 충분한 지식이 쌓여 있으면 새로운 업무에 필요한 재료들을 갖추고 있기 때문에 업무를 수행하기 훨씬 수월합니다. 지식이 충분히 축적된 사람은 축적된 지식의 양만큼 넓은 시야를 갖고 있어서, 하나의 업무를 처리하더라도 다양한 이해 관계자들을 모두 만족시킬 수 있습니다. 지식이 충분할수록 축적된 지식들은 서로 다양한 방향으로 연결되어 새로운 아이디어를 만들어낼 수 있습니다.

- **우리 팀장이 관심 있어 할 만한 일인가?**

상사나 동료가 관심 가질 만한 내용이라면 당장 수요가 있는 업무라고 할 수 있습니다. 제가 소속된 부서에서는 주기적으로 새로운 제품의 평가 결과를 분석해서 보고서를 작성하고, 이를 바탕으로 제조 과정을 개선하는 역할을 맡았습니다. 그런데 이 보고서를 통해 제품의 개선 여부와 실험의 유효성을 판단하기 때문에, 팀장이나 임원들은 "평가 보고서 다 완성됐어요?"라는 질문을 자주 한다는 것을 알게 되었습니다.

저는 이것이 초미의 관심사가 된다는 것을 알았기 때문에, 제품이 평가되고 난 직후에는 '속보'를 빨리 띄워 보기로 했습니다. 신입사원으로서 완성도 높은 보고서를 쓸 수는 없었지만, 일단 결과 위주로 초기 보고서를 만들어서 공유했습니다. "어제 나온 제품의 결과는 어느 정도 수준이었습니다. 원인은 더 분석해봐야겠지만, 예상했던 것과는 다소 다른 결과입니다." 이 정도로 분석해서 아침 미팅에 공유했습니다.

중견 사원들이 시간을 들여 작성한 정도의 완성도 높은 보고서는 아니지만, 일단 당장 결과라도 궁금해했기 때문에 이런 초기 보고서는 관심을 많이 받았습니다. 업무의 긴박성과 적시성을 만족시킬 줄 안다고 칭찬을 들었던 기억이 납니다.

팀 미팅 시간에 관심을 가지고 주의 깊게 들어본다면, 팀장이 어떤 종류의 질문을 자주 던지는지, 어떤 지시사항을 자주 내리는지 패턴을 읽을 수 있습니다. 거기에서 아이디어를 찾아서 서툴게라도 누구보다 빠르게 보고서를 만들어서 제출해본다면, 뭔가 도움이 되려고 노력한다는 인상을 줄 수 있습니다.

• **동료들의 시간을 아껴줄 수 있는 일인가?**

동료들의 시간을 아껴줄 수 있는 일이라면 환영받는 업무입니다. 예를 들면 팀에서 자주 작성하는 보고서의 양식을 제안하는 일 같은 것이지요. 그 양식 하나로 다른 동료들이 주기적으로 소모하는 시간을 아껴줄 수 있습니다.

저는 컴퓨터 프로그램 짜는 것을 좋아하고, 다른 동료들보다 좀 더 능숙하게 잘합니다. 전문적이진 않지만 제 특기를 사용해서 매번 아침 미팅 때 동료들이 10~15분 정도 소모해야 하는 기계적인 작업을 자동화하는 프로그램을 만든 적이 있습니다. 간단한 엑셀 매크로 같은 것이었지만, 다른 동료들에게 도움 되는 일로 보람이 컸지요.

아무에게도 방해받지 않는 가장 순도 높은 시간을 그냥 무의미하게 날려버리지 않으려면 '이 일은 지금 아니면 못 한다'라는 확신이 드는 일을 해야 합니다. 어떤 종류의 일이든 '이 업무는 지금밖에 할 수 없는 일인가?'라는 질문을 가지고 임해보기를 권합니다.

04

이슈를 선점해서
주도권을 잡자

흔한 아침 시간의 분주함

아침 시간은 분주합니다. 24시간 업무가 돌아가야 하는 업종이라면 더더욱 그렇지요. 아침 시간은 전날 있었던 이슈를 처리해야 하고, 모두가 모이는 아침 회의 시간에 공유하거나 보고할 내용이 많기 때문입니다.

다음은 흔히 있을 수 있는 아침 시간의 풍경입니다. 전날 생산된 제품에서 불량이 발생했다는 소식을 접한 팀장은 심기가 언짢습니다.

팀장: 최 선임, 어젯밤에 제품 불량이 발생했던데, 어떻게 개선

할 생각인가요?

팀원: (무슨 소리지?) 네? 아, 그게 일단… 원인을 좀 알아보고….

팀장: 불량 발생 원인이 뭔가요? 우리 잘못인가요, 설계팀 잘못인가요?

팀원: (지금 출근했는데…) 한번 확인해보겠습니다.

팀장: (모른다고? 지금 난리가 났는데…) 하… 알겠어요. 불량이 얼마나 발생했는지 수준은 확인이 되었나요?

팀원: (지금 처음 듣는데…) 어, 저, 그게…. 그것도 같이 확인해보겠습니다.

팀장: (뭐라고, 이놈이?) 아니, 그런 것도 모르고 있으면 어떡…. 왜 하나도 알고 있는 게 없어요?

팀원: 네? 아니, 저도 지금 나와서 처음 듣…. 네, 죄송합니다. 빨리 확인해보겠습니다.

팀원 입장에서는 당연히 억울할 겁니다. 아침 회의 시간에 처음 접한 이슈이기 때문에 상황을 파악할 틈이 없었지요. 잘못이 있다면 성질 급한 팀장을 상사로 두었다는 것밖에 없는 것 같습니다.

하지만 잘못이 없다고 업무가 원활하게 돌아가는 것은 아니지요. 팀장도 빨리 원인을 파악해서 상부에 보고해야 하는 입장일 수 있습니다. 어쩌면 임원에게 한 소리 들어서 기분이 언짢은 상황일 수도 있지요. 이런 상황에서 이슈에 관해 제대로 파악하지 못한 모습을 보이면, 상사의 타깃이 될 가능성이 큽니다.

게임이든 스포츠든 일이든 수세에 몰려서 제대로 방어하지 못하면, 이를 만회하기는 대단히 어렵습니다. 준비할 틈도 없이 상사의 추궁성 질문 공세를 받는 상황은 아마 대부분의 직장인이라면 한두 번쯤은 겪을 것입니다. 대처하는 것은 쉽지 않지만, 수세에 몰리지 않도록 미리 조치함으로써 어느 정도는 미리 대응할 수 있습니다. 바로 아침 미팅 전에 충분한 시간을 가질 수 있도록 일찍 출근하는 것이지요.

새벽 출근을 통해서 이슈의 주도권을 먼저 잡을 수 있다

업무상 실점을 죽도록 싫어하는 사람들은 이런 상황이 발생하지 않도록 일찍 출근해서 이슈를 파악하고 선점합니다. 문제가 발생했다는 상황을 팀장보다 먼저 인지하고 보고하는 것이지요.

다음 상황을 가정해봅시다. 새벽 6시에 출근한 박 선임은 전날 밤 제품 평가 부서에서 보내온 메일을 통해 제품에 대규모 불량이 발생했다는 사실을 알아차립니다. 바로 평가 부서에 연락해서 불량의 규모와 범위를 확인합니다. 그리고 협업 부서에 출근한 사람이 있는지 확인해서, 불량 발생 사실을 전달하고 원인을 물어봅니다. 협업 부서로부터 담당자가 출근하면 알아보겠다는 약속을 듣고, 팀 내에 이메일을 씁니다.

"어제 평가팀에서 보내온 메일을 보고 나서 평가팀에 불량 범위를 확인해보니 ○○개 수준이었다고 합니다. ××팀과 ○○팀에 전달했고, 원인을 물어보았으나 담당자 출근 전으로 오전 중에 알려주겠다고 했습니다. 오전 중에 미팅해서 원인 분석 후, 다시 보고드리도록 하겠습니다."

이렇게 말한 다음 팀장이나 담당자가 출근했을 때 구두로 한 번 더 보고하면, 팀장 입장에서도 기초적인 상황 파악은 될 것입니다. 미팅 시간이 다 되어서야 부랴부랴 "잘 모르겠는데 확인해보겠습니다"라는 대답을 듣는 상황보다는 더 낫지요. 일찍 출근해서 상황 파악을 해준 박 선임은 주도적인 업무 처리로 하루의 스타트를 잘 끊은 것입니다.

키맨Key-Man이
되는 방법

빠른 속도가 곧 공헌이다

회사에서는 일을 잘하는 것도 중요하지만, 빠르게 처리하는 것이 매우 중요합니다. 대부분의 프로젝트는 시간이 촉박합니다. 그래서 팀장을 비롯한 대부분의 리더는 팀원들의 업무 처리 속도에 매우 민감합니다. 시간 부족에 시달리는 상황에서 예상보다 빠른 결과물을 가져오는 팀원이 있다면, 당연히 주목받을 수밖에 없습니다. 이런 사람들은 겉으로 보이는 것뿐만 아니라 실질적으로 업무와 조직에 공헌하는 사람입니다.

만약 새벽에 2시간 정도 집중해서 업무에 투자할 수 있다면, 매일 반나절씩 일정을 단축할 수 있습니다. 일주일이면 사흘 정도를 아낄 수 있는 것이지요. 일과 중에 실제 업무에 몰입할 수 있는 시간은 얼마 되지 않습니다. 아침 9시부터 점심시간인 12시까지 아침 미팅, 티 타임, 협업 부서와의 전화통화, 동료의 자료 요청 등으로 소비하는 시간을 생각해보면, 2시간도 몰입하기 어렵습니다. 그마저도 10~20분씩 조각나 있는 상태입니다. 피로가 누적된 오후 시간도 크게 다르지 않지요. 이렇게 생각해보면 아무에게도 방해받지 않는, 그리고 정신적으로 가장 명료하고 또렷한 새벽 시간을 확보하는 것이 실제 일과 중의 반나절만큼 가치 있다는 것을 알 수 있습니다.

남들이 오전에도 다 못 끝낼 업무를 새벽 시간에 처리할 수 있다면 얼마나 좋을까요? 다음 상황을 가정해봅시다. 아침 미팅 시간입니다.

팀장: 어젯밤 제품 평가 결과는 언제까지 정리될 것 같은가요?
팀원: 오후 3시까지 초안을 작성해서 공유드리겠습니다.

과연 오후 3시까지 초안을 만들 수 있을지 모르겠지만, 성공적으로 초안을 작성했다면 그때부터 자료를 함께 보면서 수정도 하고 추가적인 업무 지시를 할 것입니다. 시간은 이미 4시가 되어 있겠죠.

팀장: 자, 수고했고. 오늘 논의한 내용 추가로 분석해서 내일 아침에 다시 봅시다.

이렇게 하루가 지나갑니다. 피드백을 반영해서 자료를 만들다가, 협업 부서에 문의해야 할 내용이 생겼습니다. 전화를 걸려고 하는데 이미 퇴근 시간이 되었네요. 어쩔 수 없이 남겨둔 채 다음 날까지 기다려야 할 것입니다.

만약 똘똘한 한 팀원이 새벽에 일찍 출근해서 미리 초안을 만들어두었다면, 아침 미팅에서 선제적으로 보고할 수 있었을 것입니다. 오전 중에, 또는 이른 오후에 피드백까지 반영된 최종 보고서를 만들 수 있겠지요. 협업 부서에 문의가 필요한 경우에도 일과시간 동안에 얼마든지 토의할 수 있을 것입니다.

회사 업무는 부서 간의 협업으로 이루어져 있습니다. 만약 A부서에서 업무의 결과물을 오후 6시에 완성해서 B부서에 전달한다면, B부서는 그 결과물을 가지고 다음 날 아침부터 업무를 시작해야 합니다. 퇴근 시간부터 다음 날 출근 시간까지 15시간의 지연이 발생하게 되지요.

반면 똘똘한 팀원 덕분에 업무 결과를 오후 2시에 B부서에 넘겼다면, B부서는 지연 없이 그때부터 다음 업무를 진행할 수 있을 것입니다. 새벽에 2시간 일찍 일을 시작했을 뿐인데, 실제로는 약 20시간에 이르는 시간 차이가 발생한 것입니다.

만약 이런 일이 누적된다면 어떻게 될까요? 새벽에 출근하는 사람들은 매일 2시간을 투자해서 4~5시간씩을 절약합니다. 팀장과 동료들의 '기다리는 시간'을 절약해주는 것이지요. '시간'이란, 업무에 필요한 가장 중요하고도 대체 불가능한 재료입니다. 시간을 만들어주는 것이야말로, 팀과 동료에게 가장 큰 선물이자 기여입니다.

독촉을 피하면 기여자가 된다

새벽에 출근하는 것은 단지 개인적으로 좋은 이미지를 심어주는 것이 아니라, 실제 조직에 기여하는 가장 좋은 방법입니다. 입사한 지 6~7개월 정도 지났다면, 우리 팀이 어떤 결과물을 만들어내야 하는지에 대해서 대략적으로 알게 될 것입니다. 매일 아침 미팅 풍경을 잘 관찰하면, 팀장이 무엇을 중시하는지도 패턴이 나오겠지요. 바로 그 결과를 새벽에 미리 만들어서 제공해야 합니다. 팀장에 중요시하는 것이 실제로 팀에 가장 필요한 것일 가능성이 크기 때문이지요.

연차가 많이 쌓이지 않은 초보 사원 시절에 아침마다 항상 저를 괴롭히던(?) 협업팀 동료가 있었습니다. 저는 생산을 담당하는 팀이었고, 그는 생산물의 평가와 분석을 담당하는 팀이었지요. 그는 주요 제품이 생산되는 날에만 일찍 나와서 저를 괴롭혔습니다. 아침에 제가 출근하자마자 저에게 와서 "어제 분석된 그 제품, 불량이 굉장히 많이 나왔어. 그 제품은 어떤 조건으로 진행된 거야? 제조 과정이 제대로 진행된 거 맞아? 제품 생산 중에 특이한 이력은 없었어?" 하면서 속사포처럼 질문 공세를 퍼부어댔지요. 저는 아직 자리에 앉기도 전인데 그렇게 쏟아부으니, 아침부터 정말 마음이 힘들었습니다. 그분은 저뿐만 아니라, 저와 함께 일하는 동료들에게도 비슷한 행동을 반복했습니다.

이런 패턴이 반복되는 게 너무 싫었기 때문에 우리 팀 동료들도 언제부턴가 주요 생산품이 평가되는 날에는 일찍 나와서 선제적으로 먼저 분석하기 시작했습니다. 주요 이슈를 미리 파악해놓고 나서 반대로 우리가 찾아가기 시작했지요. "어제 제품 나온 거 평가 다 되었나요? 아직 안 되었어요? 언제쯤 결과 보여주실 수 있어요?" 그런 날은 뭔가 통쾌하더군요.

지금 생각해보면 한편으로는 웃기기도 하고 유치하기도 하지만, 저는 선의의 경쟁이었다고 생각합니다. 경쟁은 피곤하고 스트레스받는 일이지만, 주도적인 위치에 있다면 스포츠나 게임과 같은 것입니다. 그런 경쟁이 상승 효과를 일으켜서 제품의 평가와 분석 주기가 짧아진 것은 당연한 일입니다. 평상시에는 공식적인 보고서가 나오기까지 3~4일이 걸렸지만, 언제부터인가 당일 내에 최종 보고서가 나오는 경우가 많아지더군요.

결과적으로 그 프로젝트는 성공적으로 마무리 지을 수 있었습니다. 선의의 경쟁자들이 일찍 출근해서 분석-피드백 사이클을 빠르게 돌릴 수 있었기 때문이지요.

06

지적 자본을
축적하자

업무 지식은 성장을 위한 종잣돈

대부분의 직장인은 현재 맡고 있는 업무에 몰두하다 보면 폭넓은 공부를 할 시간이 부족합니다. 누구든 처음에는 많은 의욕을 가지고 직장생활을 시작했겠지만 바쁜 일상과 촉박한 마감에, 그리고 시도 때도 없이 들어오는 선배들의 심부름에 치이게 되죠. 그러면 깊이 있는 공부에 투자할 시간을 확보하기 힘들어지는 것을 느끼게 됩니다.

업무에 관한 지식이 부족하면, 회사생활에 재미를 잃게 됩니다. 미팅 시간에 논의되는 내용이 이해되지 않으니 집중하기가 어려워집니다. 보고서나 발표 자료를 읽을 때 전후 맥락과 사정을 이해할 수 없으니 점점 어렵게만 느껴지지요. 다른 사람과 이야기할 때에도 자기가 맡은 업무와 직접적으로 관계된 부분 외에는 와닿지 않아서, 회사 업무에 대한 관심도가 많이 떨어지게 됩니다.

이런 의미에서 업무에 관한 지식은 성장을 위한 종잣돈과 같다고 생각합니다. 충분한 지식이 쌓여야 맡은 업무 외에 주위 사람들의 업무도 이해할 수 있겠지요. 그러면 내 업무도 좀 더 입체적으로 바라볼 수 있게 됩니다. 내가 처리할 일의 결과물이 누구를 위한 것인지 생각하게 되고, 그 사람이 현재 필요한 것이 무엇인지 파악하기 쉬워집니다. 자연히 내가 맡은 업무의 완성도가 높아지겠지요.

지식이 쌓이다 보면 미팅 시간에 다른 사람의 의견에 대한 이해도가 높아지니 회의에 집중하기도 쉬워집니다. '내가 모르는 이야기'를 하고 있으면 소외된 느낌이 들지만, 적어도 무슨 소리를 하는지 알아들을 수 있으면 미팅에서 나를 위한 정보를 인지하기 훨씬 쉬워지게 되니까요.

업무상 부족한 지식이 무엇인지 알아내는 방법은 간단합니다. 누군가 내가 알아듣지 못하는 말을 하고 있다면, 그 공부가 지금 필요하다는 이야기입니다. 다른 사람의 발표 자료를 읽다가 이해하지 못하는 부분이 있다면, 지금 해당 부분의 보충이 필요하다는 의미입니다.

사적인 대화에서도 나만 모르는 이야기를 하고 있으면 기분 나쁜데, 업무에서는 말할 것도 없겠지요. 저는 공부의 목표를 '일단 내 귀에 들어오는 이야기는 다 이해할 수 있는 정도'로 정했습니다.

공부의 두 번째 목표는 나만의 지식을 창출하고 내 주관과 의견을 세우는 것입니다. 뜬구름 잡는 이야기 또는 철학적인 담론처럼 여겨질 수도 있겠습니다만, 사무직 근로자라면 결국은 지식을 쌓아 다른 사람에게 도움을 주고, 자기만의 주장을 세워서 다른 사람을 설득하는 것이 업의 본질이라고 보아도 무방합니다. 그런 측면에서 회사 업무에 관한 공부는 조각나 있는 정보들을 모아서 하나의 지식을 만들고, 그 지식을 바탕으로 자기의 주장과 이론을 만드는 과정입니다.

업무와 관련된 공부를 하는 실제적인 방법

이런 측면에서 업무상 부족한 부분을 공부하는 데 있어서 몇 가지 조언을 제안해보려고 합니다.

• 모르는 부분을 적어놓았다가 선배나 동료들에게 질문하기

처음 입사하고 나서 참석한 팀 미팅 시간에 저는 굉장한 혼란에 빠졌습니다. 각종 전문용어, 축약어, 회사 언어, 코드명 등을 듣다 보니 외국에 온 것만 같았지요. 다행히 제 멘토를 맡으셨던 팀장님은 하루에 모르는 것을 다섯 개씩 질문하라는 숙제를 주었습니다. 내가 무엇을 모르는지도 몰랐기 때문에 질문조차도 쉽지 않았습니다. 일단 처음 보는 단어들 위주로 질문하기 시작했습니다.

선배에게 질문하는 것은 매우 효과적이고 강력한 공부 방법입니다. 용어 하나도 전후 맥락을 설명해야 이해할 수 있기 때문에, 하나를 질문하면 열 가지를 배우게 되는 경우가 많았습니다. 그런 과정을 통해서 내가 이해할 수 있는 조그만 지식의 종잣돈을 모을 수 있었지요. 그렇게 모인 업무 지식은 경험과 질문을 통해 알게 된 새로운 지식과 연결되어 점차 확장되어갔습니다.

물론, 적극적으로 질문하지 않아도 필요하게 되면 언젠가는 알게 됩니다. 하지만 적극적으로 질문하면, 두뇌가 지식을 받아들일 준비를 하면서 학습 효율이 높아집니다. 그리고 전후맥락 설명을 통한 추가적인 정보를 얻게 되면서 지식의 확장 속도가 매우 빨라지지요.

· **전날 공유된 업무 자료를 꼼꼼하게 리뷰하기**

회의 시간에 공유된 업무 자료는 일반적으로 한눈에 이해하기 어렵습니다. 자기가 만든 자료가 아니기 때문에 그 안에 담긴 데이터와 주장, 정보들을 완벽히 내 것으로 만들기는 매우 어렵지요. 다른 사람의 시간을 빼앗을까 봐, 남들은 다 아는 것일까 봐, 연차가 낮은데 너무 튄다는 소리를 들을까 봐 등 여러 이유로 궁금한 점을 질문하기 어려울 수도 있습니다.

모든 자료를 100% 이해한다는 것은 불가능합니다. 남들에게 개요를 설명해줄 수 있을 정도로 이해하는 것을 목표로 삼는다면, 업무 지식은 빠르게 증가합니다. 시간이 지나면서 쌓이는 것은 경험과 지식인데, 공부를 통해 지식과 간접경험을 많이 쌓으면 결국 물리적인 시간을 뛰어넘는 성장을 이루게 됩니다.

• 정보가 지식으로 바뀌는 메커니즘을 이해하기

지식근로자는 단편적인 정보가 지식으로 바뀌는 메커니즘을 이해하고 있어야 합니다. 단편적인 정보들을 축적하다 보면, 임계점이 찾아옵니다. 무언가 새로운 정보를 입수했을 때, 과거에 접했던 정보가 생각이 나는 순간이 있습니다. '어, 그때도 이랬는데?'라든지, 또는 '이거 지난번에 들었던 거랑 반대되는 이야기네?' 같은 생각이 들 때가 있습니다. 그런 생각이 들 때가 바로 머릿속에 욱여넣었던 단편적인 정보가 서로 만나는 순간입니다. 정보가 서로 만나면 의미가 생깁니다. 예를 들면 다음과 같습니다.

'지난번에 A는 B라고 했었는데, 지금은 A가 C라고 말하는군. B가 C라는 건가?' 하는 생각이 들 때, B가 C인지 아닌지를 확인하고 검증하는 과정을 통해서 새로운 지식이 생겨나는 것이지요. 그런 연결들은 예기치 않은 곳에서 생기기 때문에, 나만의 독창적인 지식일 가능성이 매우 큽니다.

축적된 정보가 많을수록, 가능한 연결의 가짓수가 많아지게 됩니다. 그러므로 아무에게도 방해받지 않는 나만의 조용한 시간을 이용해서, 다양한 정보를 흡수하고 소화하는 기회를 꼭 누려볼 것을 권합니다.

07

적립식 시간 투자,
복리의 열매

복리의 마법

재테크에 관심이 많은 분이라면 복리 효과에 대해 들어봤을 것입니다. 투자 수익 또는 손실이 다음 투자에서의 원금으로 치환되어 누적되는 것을 의미하는 것이죠. 지속적으로 수익을 낼 수 있다면, 복리 효과에 의한 자산 축적 효과는 상상을 초월합니다. 금전적인 투자뿐만 아니라, 삶에서 만나는 대부분의 피드백은 복리로 누적된다고 봐도 무방합니다.

학교 다닐 때 공부를 꾸준히 한 학생일수록 좋은 성적을 받고, 좋은 성적을 받은 학생은 다음에도 좋은 성적을 받을 가능성이 큽니다. 그 학생이 축적해온 지식의 양과 질이 새로운 지식을 받아들이기 쉽게 만들기 때문이지요.

업무 실력도 시간이 쌓이면서 복리 효과를 보입니다. 많은 업무를 경험해본 사람일수록 일에 대한 숙련도가 올라갑니다. 다양한 업무를 경험하게 되면서 시야도 넓어지게 됩니다. 그리고 그동안 축적된 업무에 관한 지식이 늘어나면서 새로운 업무 지식을 습득하기도 쉬워집니다.

장기 투자 수익의 맛

많은 투자 전문가는 안전하게 큰 자산을 축적하기 위해서는 젊을 때부터 적립식으로 꾸준히 투자할 것을 권합니다. 금수저를 물고 태어났거나 일확천금을 얻게 된 경우가 아니라면, 대부분은 자산을 형성할 기회가 없었을 테니 말이지요. 큰 부담 없는 금액이라도 장기적으로 투자하게 되면 복리 효과와 맞물려서 상당한 자산을 축적할 수 있습니다.

회사에서의 업무 실력은 금전적인 자산 형성보다는 좀 더 공평한 환경이라고 볼 수 있을 것 같습니다. 업무 실력은 누군가에게 물려받거나 한 번에 크게 쌓을 수 있는 성질이 아니기 때문이죠. 신입사원 시절부터 효율성 높은 시간대에 집중해서 업무 실력을 쌓는 시간을 축적해나간다면, 3년 차부터는 동료보다 월등히 앞선 업무역량을 드러낼 수 있습니다.

당장 효과가 드러나지 않는 것들일수록, 장기적으로 누적되었을 때 큰 효과가 나타나는 경우가 많습니다. 투자자들이 수익률 0.5%p를 중요하게 생각하는 이유가 그것이지요. 돈은 잃을 수도 있고 벌 수도 있지만, 시간은 올바르게 축적한다면 항상 이익이 되는 방향으로 쌓입니다.

새벽이 주는 삼중 복리 효과

새벽 시간의 복리 효과는 삼중으로 나타납니다.

첫째, 정신적으로 매우 명료하고 방해하는 요소가 적기 때문에 시간의 순도 자체가 매우 높습니다. 피로가 누적된 오후나 저녁 시간 대비해서 1.5배에서 2배 정도의 업무량을 처리할 수 있습니다. 1년 후에는 새벽 출근을 하지 않은 동기들 대비 누적 업무 경험량이 훨씬 높을 수밖에 없습니다. 근무 시간은 동일하더라도 말이지요. 동일하게 하루에 2시간씩 초과 근무를 해도, 새벽에 일하면 다른 시간 대비 3~4시간의 효율을 올릴 수 있습니다. 일주일에 두 번만 새벽 시간을 활용하면, 연간 최소 100시간에서 200시간의 이득을 볼 수 있습니다.

둘째, 순도 높은 시간을 사용함으로써 누적 업무 경험량이 쌓이면, 시간의 밀도 자체가 높아지게 됩니다. 업무 숙련도가 올라가기 때문에, 일머리를 잡느라 헤매는 시간이 줄어들고 빠른 시간 내에 성과를 낼 수가 있지요.

경험이 많고 숙련된 직장인은 업무 지시를 받을 때부터 완성된 결과물을 그려 낼 수 있습니다. 누적된 경험이 많기 때문에, 만들어내야 할 결과물의 종류가 자기 나름대로 카테고리화되어 있는 것이지요. 대략적으로 발표 자료의 모습과 구성이 머릿속에 떠오르기 쉽습니다. 어떤 자료가 필요한지 직감적으로 알기 때문에 자료의 선별 때문에 고민할 필요가 없습니다. 누구에게 어떤 도움을 요청해야 할지도 직관적으로 떠오릅니다.

셋째, 효율적인 시간 동안 밀도 있는 업무 경력을 쌓게 되면서, 업무를 보는 시야가 넓어집니다. 한 가지 일을 하더라도 협업 구조 속에서 고려해야 할 요소가 무엇인지 아는 능력이 커지는 것이죠. 예를 들어서 제품의 불량을 개선하기 위해서 설계를 변경해야 한다면 숙련되지 않은 사원은 '설계 변경'이라는 키워드에만 집중해서 전후좌우 따지지 않고 그것에만 몰두하는 반면, 많은 경험을 통해 숙련된 사원은 '설계 변경'을 통해 나타나게 될 부작용이 무엇인지, 그것을 해결하는 방법이 있는지, 그걸 해결하는 데 시간은 얼마나 걸리는지, 설계 변경을 하지 않고도 제품 불량을 개선할 수 있는 방법이 있는지 등을 종합적으로 검토해서 대책을 수립합니다.

적어도 입사 4~5년 정도가 되어야 능숙하게 발휘될 수 있는 능력이지만, 순도 있는 시간을 고효율로 사용해서 압축 성장을 한 경우 2~3년 차 주니어 사원들 중에서도 이런 능력을 가진 사람들이 종종 있습니다. 그런 사람이라면, 조만간 간섭 없이 단독으로 업무를 맡아 추진하거나, 또는 휘하에 후배 한두 명을 데리고 독자적인 프로젝트를 맡을 수 있을 것입니다.

이와 같이 새벽 시간의 효과는 세 가지 측면에서 연쇄적으로 나타납니다. 이른 아침의 짧은 시간이 긍정적인 1차 결과를 낳고, 그 효과가 2차, 3차로 나타나게 되는 것이지요.

3부

회사를 넘어서기 위한 새벽 활용법

01

회사라는 울타리를
넘어야 한다

언젠가는 졸업할 때가 온다

언젠가는 직장을 졸업할 때가 찾아옵니다. 정년까지 근무할 수 있는 분도 있을 것이고, 또는 자의든 타의든 일찌감치 울타리를 벗어나는 사람도 있을 것입니다. 회사는 안정적으로 소득이 들어오고, 집단 내에 소속되어 있다는 것 자체로 안정감을 주는 장점이 있지만, 이 모든 것이 언젠가는 끝이 올 때가 있다는 것을 인식하는 것이 중요합니다.

그런 관점에서 직장인의 자기계발 활동은 지금 소속되어 있는 곳에서 높은 성과를 내기 위한 목적과 조금 더 긴 안목에서 영속적인 자기만의 비즈니스 아이템을 구축하기 위한 목적, 이렇게 두 가지 목표를 추구해야 합니다. 그리고 안정적인 환경을 제공해주는 직장은, 이 두 가지를 동시에 추구할 수 있는 기본적인 여건을 만들어주는 것이지요.

따라서 직장인은 지금의 안정적인 환경을 최대한 활용해서 다양한 가능성을 모색해보는 데 투자해야 합니다. 그리고 미래를 위한 나만의 무기를 축적해나가기 위한 가장 유용한 시간은 두말할 것도 없이 새벽 시간일 것입니다.

미래를 준비하는 사람들

MZ세대로 일컬어지는 1990년생 이후 출생자들이 실무의 주축을 이루고 있습니다. 제가 만난 20~30대 후배들은 열정적으로 일하기는 하지만 그렇다고 회사가 삶의 대부분을 지탱해줄 것이라는 기대는 하지 않는 사람들이었습니다. 똑똑하고 스마트하게 일할 뿐 아니라, 입사할 때부터 인생을 어떻게 꾸려나갈 것인지에 대한 전략이 확고한 친구들이었지요.

제가 아는 한 후배 사원은 운동을 정말 열심히 하는 친구였습니다. 그냥 취미나 건강관리 수준으로 하는 것을 넘어서 제2의 업이라고 해도 무방할 정도로 피트니스에 열심인 동료였지요. 여러 대회에 나가서 입상도 하고, 언론에도 날 정도로 전문성과 열정을 가지고 있는 후배였습니다.

그는 재테크도 잘했습니다. 부동산 투자 공부를 정말 열심히 했고, 점심시간에 닭가슴살을 먹으면서 투자 책을 볼 정도로 자기계발에 열심이었습니다. 공저로 책도 쓸 정도로 열심히 사는 친구였지요. 저보다 연차로는 7년이나 후배였지만, 사는 모습에는 존경할 만한 점이 많은 동료였습니다.

언젠가는 회사를 졸업해야 한다는 마음으로 미래를 체계적으로 준비하는 사람들은 많이 있습니다. 어떤 후배는 변리사 자격증을 취득하고 전문직으로 전업했습니다. 한 지인은 커피에 대한 공부를 많이 해서 바리스타 자격증을 따기도 했습니다. 그것으로 나중에 업을 삼을지는 모르는 일이지만, 삶의 무기를 하나씩 갖추어나가고 있는 것이었지요.

먼 미래가 와닿지 않더라도 일단 시작해보자

언젠가는 회사를 떠날 때가 온다는 사실을 머리로는 알지만, 아직 피부에 와닿지 않는 사람들도 있을 것입니다. 직장에 머물더라도, 어떤 사람으로 살고 싶은지 미리 생각해보는 것은 필요합니다. 그냥 회사원으로 살 것인지, 아니면 회사 내에서도 다른 사람들에게 가치를 주는 브랜드로 살고 싶은지를 생각해보는 것이지요.

조직에 소속된 내가 독자적으로 어떤 가치를 창출할 수 있을

지 처음에는 막연합니다. 하지만 누구나 이 막연한 시기를 거치면서 자기만의 주관을 세워가는 것이니, 충분한 가치가 있는 고민입니다. 의도를 가지고 반복하면 반드시 가치 있는 결과를 얻게 됩니다. 처음에 목표했던 결과를 얻지 못하더라도, 어떤 식으로든 의미 있는 결실을 맺게 됩니다. 그 결실이 다른 가능성을 열어주고, 그렇게 우리는 성장해갑니다.

먼저 완벽한 미래를 그리려는 생각을 내려놓는 것이 중요합니다. 무엇이든 일단 시도해보는 것이지요. 매력 있어 보이는 분야 중에서 자신의 소질과 만나는 접점을 발견하고 조금씩 발전시키면 다음 돌파구가 열리게 됩니다.

02

홀로서기를 위한
나만의 작전타임

새벽은 홀로서기를 위한 작전타임으로
가장 좋은 시간대이다

계속해서 새벽 출근을 강조하기는 했지만, 모든 일이 그렇듯 회사 업무도 시기에 따라 완급이 있게 마련입니다. 회사 업무가 바빠서 하루도 빠짐없이 새벽에 출근해야만 했던 것은 아니었습니다. 제 업무 사이클은 예측 가능한 범위에 있었기 때문에, 새벽 출근을 안 해도 되는 요일을 스스로 정할 재량이 있었습니다.

새벽 출근을 하지 않는 날에는 서재에서 혼자만의 시간을 가지면서 기도를 하거나, 글을 쓰거나, 깊이 사색하는 기회를 가졌습니다. 그 시간만이 제가 유일하게 누구의 방해나 간섭도 받지 않고 나에게 집중할 수 있는 시간이었기 때문이지요.

회사생활도 결국은 나를 위해 하는 것입니다. 그런 측면에서 나를 돌보기 위한 시간을 따로 마련하는 것은 매우 중요합니다. 회사 업무에는 하루에 10시간씩 투자하면서, 나를 위해서는 온전히 얼마나 투자하는지 생각해봐야 합니다.

내면의 결의를 다지기 위한 정신적 에너지 충전

새벽 시간은 홀로서기를 위한 작전타임으로 가장 좋은 시간대입니다. 작전타임에 무엇을 할 것인지 뒤에서 계속 설명하겠지만, 저는 개인적으로 내면을 들여다보는 데 우선순위를 두었습니다. 새벽에 일어나서 기도와 묵상을 하면서 하루를 충실하게 보내겠다는 내적 결의를 다지는 시간을 가졌습니다. 성경을 읽으면서 교훈을 얻고 삶에서 적용할 포인트를 찾는 시간도 가졌습니다.

깊이 기도하며 묵상하는 시간을 가지면 해결되지 않은 고민들에 대한 답이 떠오르게 됩니다. 빛나는 보석과 같은 영감과 통찰을 얻게 됩니다. 답이 없을 것만 같은 답답한 시간들도, 일찍이 위대한 인물들이 겪었던 시련에 비하면 아무것도 아님을 깨닫게 됩니다. 그 과정에서 문제를 바라보는 전혀 다른 시각을 얻게 됩니다.

새벽에 일어나서 일기를 쓰는 것도 작전타임의 중요한 요소입니다. 내면을 성찰하면서 생각나는 대로 글을 적어나갔습니다. 글을 써본 분들은 잘 아시겠지만, 글을 쓰는 중에 새로운 생각이 계속 떠오르는 것을 경험하게 됩니다. 제 일기장을 다시 보면, 소위 '아무 말 대잔치'로 가득 채워져 있는 경우가 많았습니다. 생각하고 나서 글로 적은 것이 아니라, 글이라는 수단으로 생각한 것이지요. 그 과정에서 무엇을 배워야 할지, 목표를 어디에 두어야 할지, 삶을 어떻게 설계해야 할지 다양한 아이디어들이 도출되는 것을 경험할 수 있었습니다.

올바른 일을 하기 위한 혼자만의 작전타임

조용한 시간에 나 홀로 앉아서 작전타임을 가지는 것은, 낮 시간에 올바른 일을 하기 위해서도 반드시 필요합니다. 하루의 시작이자 가장 명료한 정신을 가진 새벽 시간에 올바른 작전을 세운 사람만이 낮 시간에 올바르고 가치 있는 일을 할 수 있습니다.

새벽 시간에 하루를 내다보면서 장기적으로 나의 발전 목표가 무엇이었는지, 현재 내 상황은 처음 예상했던 계획과 얼마나 차이가 있는지, 앞으로의 플랜을 수정할 필요가 있는지 등을 평가하는 과정에서 잠재의식 속에 목표를 다시 각인하고 그로부터 행동력을 촉발할 힘을 충전할 수 있습니다. 때로는 냉정하게 지금 나에게 무엇이 부족하며, 그것을 보충하기 위해 어떤 행동을 해야 할 것인지를 판단하는 과정에서 돌파구를 찾을 수도 있습니다.

• 방향을 잃었다는 생각이 들 때

회사 업무든 자기계발이든, 열정을 가지고 최선을 다한다고 해서 저절로 성취되는 것이 아닙니다. 때로는 무언가 열심히 했지만 뭘 했는지 모르겠는 순간이 올 때도 있습니다. 열심히 책도 읽고 공부도 하고 글도 썼는데, 이런다고 무엇이 달라지는 것인지 확신이 없는 경우가 있지요. 계속 제자리를 돌고, 방향성 없이 표류하고 있다는 생각이 드는 순간이 찾아옵니다.

그때가 바로 작전타임이 필요한 시간입니다. 온전히 나에게 집중할 수 있는 시간과 장소를 찾아서, 내가 정말로 원하는 것이 무엇이었는지, 지금 나의 행동이 내 소원을 성취하는 데 도움이 되는 것인지를 냉철히 평가해보는 작업이 필요합니다. 만약 틀린 방향이었다면, 다시 방향을 잡을 수 있을 것입니다. 올바른 방향으로 맞게 가고 있다는 판단이 든다면, 확신을 가지고 추진할 행동력을 끌어낼 수 있습니다.

• 낮 시간의 돌발 상황에 올바로 대응할 수 있다

혼자만의 작전타임이 중요한 또 다른 이유는 작전을 충분히 세워야 현장에서의 돌발 상황에 유연하게 대처할 수 있기 때문입니다. 회사에서 일 잘하는 사람을 관찰해보면, 사전에 계획된 대로 일이 진행되지 않을 때 원칙을 가지고 잘 대응하는 수완을 발휘합니다. 그가 유연하게 대처할 수 있는 이유는 사전에 회의에서 논의된 바에 따라 프로젝트의 목적과 방향을 잘 이해하고 있기 때문입니다. 회의에서(즉 작전타임에) 모든 돌발 상황을 예측할 수는 없지만, 내려진 결정의 취지와 목적은 정확하게 공유할 수 있습니다. 현장에서 만나는 돌발 사태에 대한 대응은 작전의 취지와 목적에 부합하는 방향으로 의사결정을 하면 되는 것이지요.

회사 업무뿐 아니라 개인의 발전을 위한 자기 경영도 마찬가지입니다. 새벽에 작전을 점검하고 취지와 목표를 정확하게 각인하는 시간을 매일 가지면, 예상치 못한 만남이 생기거나 새로운 제안이 들어왔을 때, 또는 스케줄에 변동이 생겼을 때, 내가 가진 목적이 무엇이었는지에 따라 유연하게 그리고 올바르게 대처할 수 있습니다.

우리 삶은 소중하기에, 가장 소중하고 질 좋은 시간은 우리 자신에게 선물해야 합니다. 가장 신선한 시간은 우리 몫으로 남겨두어야 합니다. 새벽 기상을 그저 '귀찮은 일' 또는 '아침잠을 줄이는 인내의 시간'이라고 생각하기보다는, 온전히 나에게 집중하기 위한 시간을 선물한다고 생각해보면 어떨까요? 나에게 선물한 질 좋은 시간이 쌓이면 결코 단시간에 이룰 수 없는 큰 성과를 이루어내게 될 것입니다.

03

업무 외에 배우고 싶은
분야를 찾아보자

진짜 공부는 졸업한 이후에 시작된다

지적 자본을 쌓는다는 것은 쉬운 말로 공부를 의미합니다. 지식과 통찰력을 키우기 위한 공부를 하기 위한 첫 단계는 어떤 분야를 배울지를 탐색하는 것입니다. 학창 시절에 진로를 탐색했던 것처럼, 직장인들도 새로운 지식을 쌓기 위한 관심 분야를 적극적으로 탐색해야 합니다.

진짜 공부는 졸업한 이후에 시작됩니다. 전공으로 자기 한계를 규정하지 말고, 관심 있는 다양한 분야를 두루 탐색해보는 과정이 필요합니다. 책을 보아도 좋고, 질 좋은 유튜브 영상을 보아도 좋고, 또는 동호회나 취미 활동 등을 통해서 새로운 분야를 적극적으로 탐색해야 합니다.

저도 '이제 와서 뭘 배우겠어' 하는 생각에 새로운 것을 배울 엄두를 못 내던 시절이 있었습니다. 예를 들면 악기나 취미 미술 같은 것 말이지요. 하지만 1, 2년 지나고 나서 되돌아보니 '그때부터 배워두었으면 지금쯤 흉내는 낼 수 있었을 텐데' 하는 생각이 들면서 아쉬워지더군요.

그래서 저는 무언가 배우고 싶다는 생각이 들면, 일단 소액의 돈을 투자해서 배워 보는 습관을 가지고 있습니다. 코딩을 배우면 좋다고 하기에 온라인 클래스에 등록해서 프로그래밍 언어를 배워보았습니다. '그럭저럭 쓸 만한' 정도까지 배우고 나니(이 정도는 생각보다 빨리 배울 수 있습니다), 회사에서 수작업으로 해야 할 기계적인 업무들을 자동화할 수 있게 되더군요.

한국방송통신대학교에 등록해서 컴퓨터 공학 수업을 듣기도 했습니다. 너무 바빠서 한 학기 수강 후 재등록은 하지 못했지만, 그래도 그때 배웠던 컴퓨터 구조에 관한 개념 덕분에 회사 업무나 IT 기술에 관한 뉴스를 볼 때 이해의 폭이 훨씬 넓어지기도 했습니다.

거창한 목표를 세우지 말고, 일단 배워라

일단 배워 보는 것의 첫 번째 장점은 그게 나에게 맞는지 안 맞는지 빠르게 알 수 있다는 것입니다. 소액만을 투자했기 때문에 (경우에 따라서는 아예 돈이 안 들 수도 있지요), 나와는 맞지 않는 것 같다는 판단이 들면 그만두면 됩니다. 또 다른 장점은 그 분야에서 전문가로 당장 성장하지 못하더라도, 전문가 수준까지 가려면 무엇을 공부해야겠다는 자기 나름대로의 로드맵을 설정할 수 있게 된다는 것입니다. 일단 배워 보아야 앞으로 무엇을 하면 되는지 계획을 세울 수 있게 되는 것입니다.

새로운 배움의 주제를 탐색할 때는 너무 거창한 목표를 세우지 않는 것이 중요합니다. '역사에 관심이 생겼어. 열심히 배워서 역사 강사가 될 거야!'라고 생각하면 안 됩니다. 목표가 너무 크면 진입장벽이 높아집니다. '어느 세월에 저만큼 할 수 있겠어?'라는 생각이 들면, 잠재의식은 가능성을 차단하게 됩니다. 가능성이 차단되면, 행동력을 끌어낼 수 없게 됩니다.

새로운 것을 탐색할 때는 그것으로 돈을 벌겠다는 생각은 잠시 접어두는 게 필요합니다. 처음부터 그걸로 돈을 벌겠다는 목표를 세우게 되면, 배움이 수단이 되어버립니다. 공부가 목적이 아닌 수단이 된다는 것은 즐겁게 공부하는 길을 잃게 된다는 의미입니다.

배움을 탐색하는 단계에서는 배움의 즐거움을 줄일 만한 요소를 최대한 제거하는 것이 필요합니다. 이것을 이용해서 무엇이 되겠다거나, 이것을 이용해서 비즈니스를 하겠다는 생각보다는 오로지 흥미와 관심이라는 기준을 가지고 다양한 분야를 기웃거려 보는 것을 권하고 싶습니다.

관심 분야를 찾는 것이 너무 어렵다면, 내가 평상시에 누구를 보면서 가장 부러워하는지, 평소에 즐겨 보는 유튜브 채널은 무엇인지, 할 일 없을 때 네이버에 무엇을 검색하는지, 어릴 때 꿈이 무엇이었는지, 평소에 내가 어디에 돈을 가장 많이 쓰는지 등을 살펴보면 좋은 힌트를 얻을 수 있습니다.

04

콘텐츠 자본을 확보하기 위한
공부 방법

직장인의 공부는 즐겁다

충분한 탐색을 통해 관심 분야를 정하고 그 분야에서 어느 정도 깊이 있는 지식을 쌓기로 결정했다면, 본격적으로 공부를 시작해야 합니다. 직장인의 공부는 '의무'가 아니라는 점에서, 학생 때보다는 심적 부담이 덜합니다. 어쩌면 의무로 가득한 회사 업무에 비하면 놀이나 쉼에 가까운 것이 아닐까요? 시간 제한도 없습니다. 장기적으로 차근차근해나가면 되니까요. 공부라는 단어 자체에 너무 부담감을 가질 필요는 없습니다. 누군가에게 평가받기 위한 수단이 아니라, 오로지 자기 자신을 사랑하는 마음으로 장기간에 걸쳐 지적 자본을 쌓아나간다면 훨씬 더 행복한 삶을 누릴 수 있을 것입니다.

그럼 직장인이 스스로 선택한 분야에서 심층적인 지식을 축적할 수 있는 몇 가지 유용한 수단을 소개하고자 합니다.

• 공개 동영상을 이용한 공부법

유튜브나 TED 같은 미디어 플랫폼에 공개된 영상을 통해 공부하는 것은 가장 진입장벽이 낮은 유용한 방법입니다. 공개 동영상이라고 해서 수준이 낮은 것은 아닙니다. 여러 분야의 전문가가 자신의 지식을 대중에게 전파하기 위해 심혈을 기울여 만든 콘텐츠가 꽤 많습니다. 관심 있는 주제와 연결된 키워드로 검색하다 보면 수준 높은 강의 영상을 만날 수도 있지요.

공부의 목표는 다양합니다. '공부'라고 해서 모든 분야에서 깊이 있는 지식을 습득해야 한다는 생각은 잠시 접어두는 것이 좋습니다. 사람들과 그 분야의 이야기를 나눌 때 알아들을 수 있는 정도만 되어도 만족하는 경우가 있고, 또는 어디 가서 아는 척할 수 있는 정도만 되어도 충분한 공부도 있지요. 이럴 때 공개 동영상을 이용한 공부가 유용합니다. 깊이 있는 이론적 체계를 갖추기 위해서보다는 관심 있는 주제를 탐색하는 단계에서 유용하게 사용할 수 있습니다.

저도 이 방법을 이용해서 공부할 때가 많습니다. 개인적으로 역사에 관심이 많은데, 책으로 공부하자니 분량도 많고 부담이

적잖이 될 때 동영상을 이용해서 역사 관련 채널을 보았습니다. 분야마다 전문가들이 정성껏 만들어놓은 영상이 많이 검색되었지요. 같은 주제를 가지고 서로 다른 관점에서 설명한 영상을 반복해서 보다 보면, 여러 각도에서 지식이 생기는 것을 느낄 수 있습니다.

그렇게 반복하다 보면, 내가 이 분야에 어느 정도의 관심이 있는지 파악할 수 있습니다. 지적 호기심을 강하게 느껴서 관련된 분야의 책도 찾아보고 강의도 수강할 만큼 노력을 투자할 수도 있고, 어느 정도 '느낌'만 잡은 다음에 접을 수도 있지요. 다만 이 방법은 쉽게 지식을 습득할 수 있는 만큼, 특별한 노력을 기울이지 않으면 머릿속에서 휘발되기도 쉽습니다. 개인적으로는 노트나 타이핑, 블로그 글쓰기 등을 통해 지식을 내 것으로 만들려는 노력이 필요합니다.

• 공개 대학 강좌MOOC를 통한 공부 방법

공개된 대학 강의를 통한 공부 방법도 아주 유용합니다. MOOC는 Massive Open Online Course의 약자로, 온라인으로 대학 강좌를 접할 수 있는 아주 유용한 플랫폼입니다. 각 분야의 대가라 불릴 만한 교수님들이 정성껏 짜놓은 커리큘럼에 따라 배울 수 있는 만큼, 체계적인 학습이 가능하다는 장점이 있습니다.

국내에서 가장 널리 알려진 MOOC 서비스는 K-MOOC가 있습니다. 서울대, 카이스트, 포항공대 등을 비롯한 여러 대학이 동영상 강의를 제공하고 있습니다. 수강료가 무료라는 점도 빼놓을 수 없는 장점입니다. 교양강좌 수준의 강의뿐 아니라 학과 내 전공과목에 해당하는 깊이 있는 영상 강좌도 제공되고 있습니다. 학습자의 수준과 목표에 따라서 자유롭게 수강할 수 있다는 장점이 있습니다.

국내에는 K-MOOC 이외에도, 다양한 MOOC 플랫폼이 존재합니다. 각 대학에서 자체적으로 운영하는 MOOC 서비스도 있고, 네이버에서 제공하는 에드위드edwith라는 플랫폼도 존재합니다.

좀 더 폭넓은 선택을 원한다면 해외 MOOC 서비스를 이용해 볼 수도 있습니다. 스탠퍼드대학 교수진의 강의를 제공하는 코세라Coursera, MIT와 하버드대학 교수진의 강의를 제공하는 에드엑스edX 등이 국내에도 널리 알려져 있지요. 영어라는 장벽이 존재하기는 하지만 한국어 자막 서비스가 제공되기도 하고, 외국인 학생들을 위해서 강의 스크립트가 제공되는 경우도 상당히 많습니다. 구글 번역 서비스 등을 이용하면 얼마든지 한국어로 접할 수 있기 때문에, 언어 장벽은 크게 걱정하지 않아도 좋습니다.

• 사이버대학을 통한 공부

공개된 강좌를 통해서 열정을 가질 만한 분야를 확실히 알게 되었다면, 시간과 돈을 투자해서 전공자 수준까지 가보는 것도 괜찮을 것입니다. 직장인은 시간을 내어 대학 오프라인 강의에 참석하기 어려우므로 사이버대학을 이용한 전공 공부를 추천하고 싶습니다.

저는 컴퓨터 공학에 관심이 있어서 한국방송통신대학교에 등록해서 수강한 적이 있습니다. 학기당 30만 원 안팎의 저렴한 비용으로 체계적인 학습 커리큘럼에 따라 전문적인 공부를 할 수 있다는 장점이 있습니다. 학습량도 상당한 편이어서 시간을 꽤 투자해야 하지만, 그만큼 집중적으로 지식을 습득할 수 있다는 의미이므로 업무 외에 다른 분야에서 전문성을 갖추고 싶다면 고려해볼 만한 선택지입니다.

다양한 사이버대학들이 설립되어 있으므로 원하는 전공을 찾아 등록하면 됩니다. 사립 사이버대학들은 방송통신대학에 비하면 비용이 좀 더 드는 편이지만, 월 비용으로 나누어 보면 감당할 수준이라고 생각됩니다. 학점당 6만 원 정도인데, 학사학위 취득에 요구되는 전공과목 학점이 40~50학점이라고 하면 총 250~300만 원 정도의 비용이 소요되겠네요. 2년 정도 긴 호흡으로 전공과목을 체계적으로 수강하겠다고 하면, 월 10~15만 원 정도의 비용으로 전공자 수준의 지식을 얻을 수 있는 셈입니다.

• 자격증 취득을 목표로 한 공부

처음부터 특정 자격 취득을 목표로 공부하는 것도 좋은 방법입니다. 이 방법은 공부의 범위와 목표가 매우 명확해서, 방황 없이 체계적으로 공부할 수 있다는 장점이 있습니다. 예를 들어 역사 공부를 하려고 한다면 한국사능력검정시험을 목표로 공부하는 것입니다. 당장 직업적으로 사용할 만한 자격증이 아니더라도, 자격증 취득을 목표로 공부하는 과정에서 그 분야의 필수적인 지식을 체계적으로 얻을 수 있습니다. 한자 공부를 하기를 원한다면, 혼자서 무작정 외우는 것보다는 한자능력검정시험 급수 취득을 목표로 공부하는 것이 더 효과적인 방법입니다.

직업적으로 바로 사용할 수 있는 자격증 취득을 목표로 할 수도 있습니다. 대표적으로 공인중개사 자격증을 예로 들 수 있습니다. 직업 자격증은 해당 자격을 취득한 사람만 수행할 수 있는 뚜렷한 업무 영역이 있기 때문에, 직업 선택의 폭을 넓힐 수 있다는 장점이 있습니다.

직장인이 지적 자본을 확충할 수 있는 다양한 공부 방법을 제안해보았습니다. 맛보기 수준의 가벼운 지식 습득부터 전공 수준의 깊이 있는 수준까지, 큰 비용 없이 지식을 습득할 기회는 충분합니다. 늦었다고 생각할 시간에 순수한 열정과 호기심을 바탕으로 공부를 시작해보면 어떨까요?

05

효과적인 공부를 위한
3가지 도구

전문가의 코치를 넘어 나만의 독창적인 지식을 습득하기 위해서는 독서와 글쓰기라는 두 가지 도구를 능숙하게 사용할 수 있어야 합니다. 이 장에서는 효과적인 공부를 위한 두 가지 도구를 잘 사용하는 방법을 이야기하려고 합니다. 그리고 이 두 도구를 결합한 세 번째 도구, 블로그에 대해서 소개하려고 합니다.

독서의 효과를 극대화하는 4가지 방법

독서는 앞서 제시한 모든 공부 방법 중에서 가장 효과적이고 빠른 학습 수단입니다. 책에는 하나의 주제에 관한 내용이 최소 200~300페이지 이상의 긴 호흡으로 정리되어 있습니다. 그만큼 충분한 분량을 통해 깊이 있는 생각을 하면서 지식을 얻어낼 수 있다는 장점이 있습니다. 책은 지식을 습득하는 데 있어서 가격 대비 성능, 소위 '가성비'가 가장 좋은 수단입니다. 독서의 효과와 효율을 최대치로 끌어올려 줄 수 있는 네 가지 방법을 살펴보겠습니다.

• 한 가지 분야의 책을 집중적으로 읽기

고영성 작가의 책 《어떻게 읽을 것인가》를 보면, 한 분야나 주제를 정해놓고 그 안에서 많은 책을 읽는 방식을 일컬어 '계독'이라고 설명하고 있습니다. 하나의 주제 안에서 쉬운 책부터 차근차근 읽다 보면, 그 분야에서 공통적으로 알아야 할 지식과 이론을 접하게 됩니다. 처음 진입할 때는 아무것도 모르는 상태였으나, 개론을 다룬 쉬운 책부터 점차 난이도가 있는 책까지 두루 읽는 과정에서 필수적으로 알아야 할 정보와 지식이 자연스럽게 축적되는 것이지요.

김정운 교수의 《에디톨로지》에 따르면 지식은 정보와 정보의 연결입니다. 단편적인 정보의 조각이 서로 연결되어야 새로운 의미가 만들어지는 것이고, 새롭게 의미가 부여된 정보의 조합이 곧 지식인 것입니다. 정보와 정보가 연결되기 위해서는 각 정보의 의미적 거리가 상대적으로 가까울수록 유리합니다. 계독은 이와 같이 의미적 거리가 유사한 정보를 다량 흡수함으로써 정보와 정보의 연결 확률을 높이는 독서 방법입니다. 자연스럽게 자기만의 연결을 만들어내어 활용할 수 있는 지식을 만들 수 있게 되지요.

• 메타 정보를 꼼꼼하게 읽기

메타 정보란, 정보 자체가 아닌 '정보에 관한 정보'를 의미합니다. 책의 경우에는 제목, 부제목, 앞표지의 카피, 뒤표지에 있는 각종 추천사, 출판사 서평, 머리말, 목차 등이 메타 정보에 해당됩니다. 이러한 '내용 외적인 정보'들은 책의 주 내용 자체보다는 훨씬 짧은 분량이지만, 책 내용의 최소 30% 이상을 담고 있는 중요한 정보입니다.

목차나 머리말, 소제목 등의 메타 정보를 읽는 것은, 앞으로 읽을 책의 내용을 두뇌가 적절히 예측하도록, 사전 정보를 제공하는 역할을 합니다. 그렇게 함으로써 본문 내용을 읽을 때의 저항감을 줄이고 속도를 개선할 수 있습니다. 뿐만 아니라, 메타 정보를 잘 읽음으로써 '이 장에서는 무슨 이야기를 하려고 한 걸까?'라는 질문을 할 수 있게 되지요. 우리 뇌는 질문에 부합하는 정보를 찾아내려는 성향을 가지고 있습니다. 적절한 메타 정보가 통합적으로 독서의 질을 올리는 효과를 가져오게 됩니다.

· **시간을 짧게 정해놓고 읽기**

'책 읽을 시간이 없다'라는 것은 사회인의 공통된 푸념이 아닐까 싶습니다. 충분한 시간 동안 작심해서 읽겠다는 마음가짐 자체는 좋지만, 이렇게 해서는 책 읽을 시간을 내기가 어려울 것입니다.

저는 마감 시간을 정해놓고 책을 읽는 습관을 들였습니다. 할 일이 많이 쌓여 있어서 마음의 여유가 없을 때에도 '10분만 읽자'라는 생각으로 마감 시간을 설정했습니다. 마감 시간을 정해놓으면, 끝도 없이 쌓여 있는 일들 속에서도 심적인 여유를 확보할 수 있습니다. '충분한 시간'을 확보하겠다는 생각보다는 '지금부터 3분간 책을 읽자'라고 생각하는 것이 더 효과적인 방법입니다.

· **책을 언제나 '손에' 들고 다니기**

언제 어디서든지 책을 쉽게 꺼낼 수 없으면, 책을 읽는다는 행위로 진입하기 상당히 어렵습니다. 손에 책이 항상 들려 있으면 언제 어디서든지 책을 펼칠 수 있지만, 가방 속에 책을 넣고 다니면 책을 읽기 위해 가방을 열어 책을 찾는 복잡한 과정을 거치게 되지요. 그 자체가 어려운 일은 아니지만, 귀찮은 행동을 일부러 하는 것은 심리적인 장벽을 넘어야 가능한 것입니다. 자연스럽게 책보다는 휴대전화를 볼 가능성이 커지게 되지요.

회사 후배 중 한 명은 영어 소설을 늘 손에 들고 다니면서 읽는

데, 양치를 할 때에도 책을 들고 다니면서 읽습니다. 그의 책장이 어느 정도나 넘어가 있는지 유심히 살펴봤는데, 볼 때마다 페이지가 꽤 많이 넘어가 있더군요.

'책은 책가방에, 손전화는 손에'라는 룰을 뒤집어서, 손에는 책을 들고 휴대전화는 가방에 넣어보면 어떨까요? 자연스럽게 책 읽는 습관을 들이기 더 쉬워질 것입니다.

아웃풋을 위한 글쓰기 습관

자기 발전을 꿈꾸는 분들이라면 기본적인 글쓰기 능력도 반드시 갖추어야 합니다. 글쓰기 능력을 계발하면, 내가 알고 있는 지식을 표현할 수 있고, 이 과정에서 내가 아는 것과 모르는 것을 정확하게 구별해낼 수 있습니다. 메일을 쓸 때도, 메신저로 이야기할 때도, 친구들과 카카오톡을 할 때도 글을 씁니다. 코로나로 인해 비대면 교류가 확산하면서 시대적으로 글은 더더욱 중요한 커뮤니케이션 수단이 되고 있습니다.

• 글은 생각의 도구이다

저는 처음 글쓰기를 시작할 때, 아이디어가 없어서 엄두를 못 냈던 적이 있습니다. 지금도 글쓰기를 시작할 때는 막막하지요. 많은 글쓰기 전문가의 조언을 들어보면, 저만 그런 것은 아닌 모양입니다.

글쓰기를 업으로 삼은 작가들은 '일단 쓰라'고 강조합니다. 생각이 정리된 다음에 글을 쓰는 것이 아닙니다. 글이라는 도구를 사용해서 아이디어의 샘물을 길어 올리는 것이고, 글이라는 도구를 사용해서 생각을 정리하는 것입니다.

'종이 위에서 생각하라'는 말이 있습니다. 펜을 잡고 문장을 적어 내려가다 보면, 다음에 할 말이 떠오를 때가 많습니다. 한 문장을 쓰는 과정에서 나도 모르게 그 문장을 되뇌이고(즉 그 문장에 집중하게 되고), 그 문장이 씨앗이 되어 다음 생각이 떠오르는 경험을 할 때가 많습니다. 생각이 정리된 후에 글을 쓰는 것은 어렵습니다. 글은 생각의 결과가 아니라, 도구입니다. 생각날 때까지 기다리지 말고, 당장 어제 있었던 일부터 반 페이지라도 매일 적어보는 훈련을 해봅시다.

• 생각은 지식이 아니다

학창 시절 시험공부를 할 때, 분명히 이해한 내용인데 시험에 나오면 기억이 안 나는 경험은 꽤 흔하지요. '이해했다고 느끼는 것'과 '실제로 이해한 것' 사이에는 큰 괴리가 있습니다. 따라서 많은 독서 전문가나 학습 코치는 읽고 나서 이해한 것을 자신의 언어로 적어볼 것을 권하고 있습니다.

저도 책을 읽고 나서 중간중간 책을 덮고 생각나는 대로 내용을 적어 봅니다. 읽을 때는 이해했지만, 책을 덮고 나면 생각이 나지 않아서 매우 답답한 경험을 자주 합니다. 하지만 글이나 말로 표현할 수 있는 지식이 되어야만 진정으로 자기 것이 되었다고 할 수 있습니다.

글을 쓴다는 것은 암묵지를 형식지로 바꾸는 과정입니다. 암묵지는 차라리 지식이 아니라고 생각하는 편이 낫습니다. 지식은 '글'로 명료하게 표현될 때에야 완성되는 것입니다.

읽기와 쓰기의 찰떡궁합, 독서 블로그

저는 지인들에게 최고의 자기계발 도구로서 블로그를 하라고 적극 권합니다. 블로그는 훌륭한 자기계발 도구입니다. 특히 독서와 연계되었을 때 탁월한 효과를 발휘할 수 있습니다. 읽기와 쓰기를 균형 있게 할 수 있기 때문이지요.

책을 읽고 나서 그냥 덮어버리지 않고 몇 줄이라도 느낀 점을 적어보는 것만으로도 책의 내용이 훨씬 머리에 오랫동안 남는 것을 경험할 수 있습니다. 박상배 님의《본깨적》, 김병완 님의《초의식 독서법》등 유명한 독서 전문가들의 책에는 읽은 내용을 내 말로 정리하고 적용점을 찾아 기록하는 것이 얼마나 중요한지 공통적으로 강조하고 있습니다. 약간의 의무감을 가지고 꾸준히 독서 포스팅을 해나가면, 읽은 책의 내용을 휘발시키지 않고 머릿속에 각인하는 효과를 누릴 수 있습니다.

블로그 포스팅을 위해 독서를 하면 훨씬 더 능동적인 독서를 할 수 있습니다. '아웃풋'을 염두에 두고 읽기 때문에, 나 혼자 이해하고 넘어가는 수준보다 훨씬 꼼꼼하고 체계적으로 읽게 됩니다. 하다못해 인용구 하나를 고를 때에도, 왜 그 구절이 기억에 남았는지 써야겠다는 생각이 들게 되지요. 그만큼 생각도 더 많이 하게 되고 인용구도 신중하게 고르는 효과가 있습니다.

독서와 글쓰기란 결국 생각을 넓히는 과정입니다. 저자의 생각을 이해하고 내 생각과 비교해서 차이점을 밝혀내고, 새로운 의견을 세우는 과정인 만큼, 블로그 포스팅을 염두에 두고 책을 읽는 과정에서 단 5분이라도 더 생각을 많이 하게 되었다면 그것만 해도 지적 활동의 질이 올라갔다고 볼 수 있습니다. 이런 점에서 블로그는 읽기와 쓰기의 질을 올려주는 탁월한 학습 도구입니다.

06

단단한 자기 신뢰 구축하기

자기 신뢰의 중요성

직장인으로서, 그리고 삶의 경영자로서 갖추어야 할 중요한 기술 중 하나는 어떤 상황에서도 자기 자신에 대한 신뢰감을 잃지 않는 테크닉입니다. 내가 잘하고 있는지를 정확하게 판단하는 능력, 잘못된 방향으로 가고 있다는 생각이 들었을 때 수정할 수 있는 능력, 궁극적으로는 내가 올바른 목표를 지향하고 있다는 확신이 있어야 어떤 일이든 흔들리지 않고 추진할 수 있습니다.

학창 시절에는 스스로를 점검하고 이로부터 확신을 얻을 수 있는 환경이 비교적 잘 구축되어 있습니다. 대학 입시 또는 취업이라는 분명한 목표가 존재했고, 나의 현재 위치를 정확하게 파악할 수 있는 '시험'이라는 도구가 존재했습니다. 피드백 결과에 따라서 나에게 부족한 점이 무엇인지, 보충해야 할 분야가 무엇인지도 정확히 파악할 수 있었지요.

직장생활도, 다소 두루뭉술하기는 합니다만, 어느 정도 피드백은 가능합니다. 목표와 피드백이 제공된다는 그 자체가 상당한 도움이 됩니다. 구체적으로 무엇을 하면 되는지를 찾아내는 것은 개인의 몫이더라도, 잘하고 있는지 못하고 있는지는 어느 정도 알 수 있지요.

개인의 삶을 준비할 때의 자기 신뢰감

직장을 넘어선 개인의 삶을 준비할 때는 내가 맞게 가고 있는지 아닌지를 알려주는 어떤 공식적인 지표도 제공되지 않습니다. 정해진 답이 없는 문제를 푸는 것은 늘 막막하고 어려운 과정이지요.

직장 동료나 선배들에게 조언을 구하기도 어렵습니다. 직장 밖에서의 삶을 준비하는 것을 동료들이 알게 되면 "나갈 생각하니?"라는 말을 듣기 딱 좋지요. 그래서 정해진 답이 없는 삶을 준비하는 과정에서는 스스로에게 의심이 많이 생길 수밖에 없습니다.

사람마다 차이는 있겠지만, 일반적으로 재수생일 때나 취업 준비생과 같이 아직 성과는 없지만 뚜렷한 피드백도 없을 때 자기 신뢰감이 많이 무너지는 것을 경험하게 됩니다. 같은 길을 향해 가는 동료들도 없는 환경이라면 어떤 참고 경험도 제공되지 않기 때문에 더욱 막막한 상황에 빠지게 되지요. 시키는 사람도 없고, 통제도 없다는 환경은 한쪽 면에서 보면 자유로운 삶이지만, 반대쪽에서 보면 표류하는 삶과 같아 보일 것입니다.

'딴짓'을 할 때의 자기 신뢰감

그래도 직장에 소속되어 있으면서 직장 너머의 삶을 준비하는 것은 안정적인 소득이 존재한다는 측면에서 훨씬 유리합니다. 설령 빨리 성공하지 못하거나 소소한 실패가 있을지라도, 직장에서 들어오는 소득과 소속감이 경제적·심리적으로 삶을 지탱해주기 때문이지요.

한편 직장인이 나만의 삶을 준비하는 과정에서는 직장에 충성하지 못하고 있다는 죄책감이 들 때도 있습니다. 그러면 부담감이 들기도 하고, 회사에 무언가 숨기는 것 같다는 생각이 들 때도 있지요. 그러면서도 미래를 준비해야 하는 것은 엄연한 현실이므로, 그것 역시 부정할 수 없다는 양가감정에 빠지기도 합니다.

이럴 때 가장 중요한 것은 자기 신뢰를 잃지 않는 나만의 테크닉을 미리 개발해두어야 한다는 것입니다. 피드백도 통제도 없는 무한 자유 또는 표류 속에서 '나는 올바로 가고 있고 반드시 성공할 것'이라는 자기 신뢰를 가지는 방법은 무엇일까요?

충분한 참고 경험을 통해 자기 신뢰를 쌓는 방법

자기 신뢰는 충분한 참고 경험이 있을 때 강화되는 경향이 있습니다. 앤서니 라빈스의 책《네 안에 잠든 거인을 깨워라》를 보면, 신념을 가지기 위해서는 이를 뒷받침하는 합당한 참고 경험이 있어야 한다고 강조합니다. 학창 시절 수많은 친구가 참고 경험이 되는 것이지요. 직장 밖의 삶에서도 자기 신뢰를 구축할 수 있는 참고 경험을 많이 만들어내는 방법은 무엇일까요?

• 직장 밖 사람들을 만나고 교류하기

직장 밖에서 사람들을 만나 교류하면 큰 힘이 됩니다. 저는 낮은 연차의 사원 시절부터 재테크, 자기계발, 글쓰기 등의 세미나가 있으면 자주 참석했습니다. 그 분야에 관심이 있기도 했지만, 함께 수강하는 수강생으로부터 좋은 에너지를 받기도 했습니다. 그리고 나와 같이 직장 밖의 삶을 준비하는 사람들이 굉장히 많다는 사실에 자극과 지지를 받기도 했지요.

직장 밖에서 다양한 사람들을 만나는 과정에서 자연스럽게 직장 내의 삶이 전부라는 생각으로부터 자유로워지게 됩니다. 직장 내의 삶이 전부가 아니라는 것을 머리로는 안다고 하더라도, 무의식적으로는 직장 내의 삶이 표준으로 자리 잡게 되기 마련입니다. 다양한 분야의 사람들을 만나 이야기를 나누고 교류하는 과정에서 자연스럽게 직장을 넘어선 새로운 삶의 준거를 무의식에 심는 효과가 있습니다. 그렇게 '딴짓'에서 오는 죄책감과 부담감을 줄일 수 있습니다.

• **긍정 확언을 통해 무의식에 참고 경험을 기록하기**

긍정적인 확신을 주는 말을 자기 자신에게 반복해서 들려줌으로써 무의식 속에 긍정적인 참고 경험을 기록할 수 있습니다. 19세기 프랑스의 심리치료사였던 에밀 쿠에는 "나는 날마다, 모든 면에서, 점점 더 좋아지고 있다"라는 긍정 확언을 통해서 잠재의식 속에 긍정적인 자아상을 심어주는 방법을 제안했습니다.

저는 잠들기 전에 긍정 확언을 통해서 잠재의식에 긍정적인 자아상을 기록하는 습관이 있습니다. 또한 새벽에 일어나서 의식이 명료해지기 전에 긍정 확언을 합니다. 무의식 속에 긍정적인 참고 경험을 기록해놓음으로써 현실 속에서 난관을 만날 때 이를 우회하거나, 뛰어넘기 위한 결의를 끌어낼 수 있다는 것을 경험으로 알 수 있었습니다.

• 사소한 경험 속에서 긍정적인 요소를 찾는 습관을 기르기

누구나 사소하게 한두 가지 정도는 성공의 경험이 있을 것입니다. 예를 들면 오늘 아침에 일찍 일어났다면 그것도 성공의 경험입니다. 직장 선배에게 "잘했어!"라는 칭찬을 들었다면, 그것도 성공의 경험이겠지요. 여자 친구나 남자 친구를 사귀어본 적이 있다면, 누군가에게 인정받았다는 성공의 경험일 수 있습니다.

성공하는 사람들은 삶 속에서 누렸던 사소한 경험들의 의미를 확대해서 긍정적인 자아상을 갖추는 데 적극 활용합니다. 예를 들어 책 한 권을 다 읽었다면 "이것 봐! 나도 끝까지 해낼 수 있잖아!"라고 스스로를 격려하는 것입니다. 그리고 이것은 어떤 의견이나 견해가 아닌 팩트입니다.

성공의 의미는 객관적인 규모나 빈도가 아닌 '해석'의 영역입니다. 얼마나 자주 성공을 거두었느냐, 얼마나 큰 성공을 거두었느냐에 초점을 맞출 필요는 없습니다. 크든 작든, 어쨌든 내가 무언가를 이룬 적이 있다는 사실 자체에 초점을 맞추고 오래 반추하며 기억하는 태도는 단단한 자기 신뢰감을 구축하는 큰 자산이 됩니다.

4부

하루 종일
활력 넘치는
에너지 관리법

01

단단히 결심하면,
실패합니다

지금까지 새벽 시간을 활용해야 하는 이유와 새벽 시간을 활용한 성장 방안에 대해서 소개해보았습니다. 아마도 '새벽 시간을 잘 쓰면 좋다는 것은 알겠는데, 그렇게 하면 피곤해서 하루가 지탱되지 않는단 말이야!'라고 생각할 수도 있을 것입니다. 그래서 지금부터는 피곤하지 않게 새벽에 일어나고, 하루 동안 에너지 수준을 잘 유지할 수 있는 방법에 대해 소개하려고 합니다.

의지력은 믿을 수 없는 친구이다

의지력에 기대어 루틴을 설계하는 것은 대단히 비효율적입니다. 《습관의 디테일》이라는 유명한 책을 쓴 베스트셀러 작가 B. J.

포그는 동기에 의지해서 행동을 설계하는 것은 지속 불가능하다고 말합니다. 즉 이 책을 읽고 동기부여를 받아서 "이제부터 아침에 일찍 일어나야겠다!"라고 결심할 수는 있겠지만, 결심과 의지 그리고 동기만으로 일찍 일어나는 습관이 정착되기 어렵다는 것이지요.

아무리 강한 동기를 가지고 있더라도 새벽 시간에는 '더 자고 싶다'는 본능이 더 강합니다. 그리고 우리는 이 본능에 반드시 굴복하게 되어 있습니다. 욕구에 저항하는 방식으로는 결코 올바른 습관을 쌓을 수 없습니다.

취침 시간을 1시간 앞당기자

새벽 출근은 기상할 때 얼마나 의지력을 발휘하느냐의 문제가 아닙니다. 저녁에 쉬고 싶은 욕구에 얼마나 충실하게 따르느냐의 문제이지요. 너무나 당연하게도 새벽에 일찍 일어나기 위해서는 전날 일찍 잠들어야 합니다. 새벽의 일정과 컨디션은 전날 밤에 결정된다고 보아도 무방할 정도로 일찍 잠드는 것은 중요합니다.

일찍 일어나겠다는 의지에 기대는 대신, 일찍 잠들어야 합니다. 취침 시간을 1시간 앞당기기만 해도 아침에 훨씬 상쾌한 기분으로 일찍 일어날 수 있습니다. 의지력은 전혀 사용하지 않은 채로 말이지요.

아이들을 재우기 위해 같이 눕고 나면, 아이들보다 엄마 아빠가 먼저 잠들 때가 있습니다. 아이들과 함께 밤 9~10시에 잠들고 나니, 새벽 5시에 저절로 눈이 떠졌습니다. 그리고 전혀 피곤하지 않았지요. 늦게 자고 아침 8시에 일어나던 때보다도 수면 시간이 길어졌으니 말입니다.

잠이 몸에 주는 혜택을 누리자

매슈 워커는 《우리는 왜 잠을 자야 할까》에서 사람은 수면 시간을 줄이는 유일한 동물이라고 말합니다. 수면 시간을 줄이는 데 따른 보상 같은 것은 전혀 얻지 못하면서 말이죠.

수면에 드는 시간을 조절하지 않은 채로 기상 시간만 당기면 안 됩니다. 너무나 당연한 말이지만, 이를 간과하고 '굳은 결심'만을 동력 삼아 새벽 기상을 하려고 무리하는 경우가 참 많습니다.

새벽 시간이 생산적인 일을 하기 적합한 시간이듯, 저녁 시간은 쉬기에 적합한 시간입니다. 하루 동안에 열심히 일한 당신에게 그에 맞는 보상을 해주어야 합니다. 넷플릭스나 유튜브를 볼 수도 있고 친구들과 술 한잔을 기울일 수도 있겠지만, 가장 가치 있는 선물이자 보상은 바로 잠입니다.

그래도 저녁 시간이 아깝다면

저녁에 일찍 잠들기 아쉬울 수 있습니다. 경험상 젊은 사람들일수록 그런 경향이 더 많은 것 같습니다. 저녁 시간에 일찍 잠들기 아깝다면, 다음 두 가지 질문을 던져 보십시오.

첫째, 지금 잠을 자지 않고 하려는 일이 장기적으로 내 미래에 도움이 되는 일일까?

둘째, 내 미래에 도움이 되더라도 내일 새벽에 하면 안 되는 일일까?

저는 자기계발의 욕구가 강한 타입입니다. 밤에 책도 읽고, 글도 쓰고 싶었지요. 동기부여 영상도 보고 싶었습니다. 그럴 때마다 이 두 가지 질문을 스스로에게 던졌습니다. 대부분 새벽에 할 수 있는 일이었고, 새벽에 할 때 더 효과가 좋은 일이었지요.

새벽에 일찍 일어나는 것은 큰 의지력을 필요로 하지 않습니다. 저녁 시간에 몸과 마음이 쉼을 요구할 때, 유희와 오락의 욕구를 절제하고 휴식의 욕구를 선택하는 것 정도의 의지력이 필요합니다. 그것은 의지라기보다는 오히려 본능에 충실한 행동입니다.

저녁에는 일찍 잡시다. 낮에 충분히 힘들었으니까요. 회사에서 업무 하느라고 피곤했고, 집에서는 육아에 집안일로 지쳤으니까요. 잠을 통해서 지친 몸을 돌보고, 상처받은 마음을 치유하고, 고갈된 의지력을 채웁시다. 지금 당장, 훨씬 높아진 신체적 에너지를 누리고 즐길 수 있습니다.

계절을 고려해서
일과를 설계하자

겨울철에는 일찍 일어나기가 힘들다

개인적인 경험상 해가 짧은 겨울철에는 새벽에 일어나기가 좀
더 힘들었습니다. 아마 많은 분이 겨울철에는 일찍 일어나기 어
려울 것입니다. 겨울철 아침에 일찍 깨어나기 힘든 것은 자연스
러운 현상입니다. 잠이 들게 하는 신경전달물질인 멜라토닌은
신체 내에서 겨울에 더 풍부하게 유지됩니다. 여름에는 새벽 5시
만 되어도 동이 트지만, 겨울철은 6시가 되어도 어둡기 때문이지
요. 빛에 의해서 멜라토닌 분비가 차단되어야 수월하게 깰 수 있
는데, 겨울철에 일출이 늦어지는 것은 이를 방해하는 요인이 됩
니다.

겨울철의 낮은 기온도 새벽에 침대에서 일어나는 것을 막는 요인이 됩니다. 아침부터 찬 공기에 노출되는 것을 기꺼이 받아들일 수 있는 사람은 많지 않겠지요.

계절적인 특성을 반영해서 목표치를 설계하자

계절적인 특성에 몸이 반응하는 방식을 고려해서 일과를 설계하는 것은 매우 중요합니다. 개인적으로 저는 겨울철에는 새벽 출근에 대한 목표치를 조금 낮추는 편입니다. 여름철에 주 4회 새벽 출근을 한다면, 겨울철에는 2회 정도로 줄이는 식이지요. 여름철에 아침 4시에 일어나기로 했다면, 겨울철에는 6시 정도로 늦추는 것도 좋은 방법입니다.

겨울철에는 일찍 일어나기 어렵다는 반복된 경험을 하기 전에는 겨울철에 늦잠을 잘 때마다 자책하곤 했습니다. 게을러졌다는 생각에 자존감도 떨어졌습니다.

겨울철에 기상이 어려운 것은 자연스러운 것이라는 사실을 알고 난 다음부터는 탄력적으로 목표를 제어하기로 했습니다. 아침에 일찍 일어나려는 강박으로부터 조금 더 자유로워진다면, 하루 이틀 조기 출근에 실패하더라도 스스로를 지나치게 몰아붙이지 않아도 되겠지요.

겨울철에 좀 더 쉽게 일어나기 위한 제안

겨울철에는 일찍 일어나기가 더 어렵기 때문에, 신체적·심리적 저항을 줄일 수 있도록 좀 더 세심하게 환경을 만들어야 합니다. 제가 사용하는 몇 가지 방법을 제안하겠습니다. 이 방법들을 참고해서 겨울철에도 컨디션을 최상으로 유지하면 좋겠습니다.

• 자동 조명을 활용해보기

요즘은 스마트폰으로 제어할 수 있는 조명이 시중에 많이 출시되어 있습니다. 스마트 조명을 이용하면 일광이 부족한 겨울철에도 새벽에 좀 더 쉽게 일어날 수 있습니다. 창문으로 들어오는 햇빛에 비할 바는 아니지만, 어두운 방에 조명을 비추어 멜라토닌의 분비를 일찍 차단할 수 있습니다. 스마트 조명의 사용이 어렵다면, 기존 기계식 스위치에 부착하는 형태의 블루투스 자동 똑딱이 스위치도 많이 출시되고 있습니다.

사람마다 편차가 있겠지만, 개인적으로는 소리를 이용한 알람보다는 조명을 통한 기상이 좀 더 저항감이 덜했습니다. 아침에 일어나는 것이 특히 힘든 분들이라면, 조명 제품을 활용해보는 것도 좋습니다.

• 겨울에는 1시간 더 일찍 자기

일찍 잘수록 일찍 일어날 가능성이 커집니다. "당연한 이야기 아니야?"라고 말할 수 있습니다. 제가 여기서 강조하고자 하는 것은 겨울이라는 계절적인 특성을 고려하여 1시간 더 일찍 잠자리에 들도록 저녁 루틴을 설계하라는 것입니다.

잠자리에 들기 90분 전부터 집 안의 조명을 끄고 다소 어둡게 생활하는 것도 도움이 됩니다. 조명이 어두우면 멜라토닌이 분비되면서 쉽게 잠들 수 있다고 합니다. 밤늦게 TV를 보거나 컴퓨터를 하게 되면, 지나친 광량에 신경이 자극되어 잠자는 데 방해가 됩니다.

• 자기 전에 충분한 물을 섭취하기

이 역시 제가 즐겨 사용하는 방법입니다. 자기 전에 물을 두세 잔 정도 마시면, 아침에 소변이 마려워서 저절로 깨어나게 됩니다. 화장실에 갔다가 다시 이불로 들어가지만 않는다면, 저절로 새벽 기상에 성공하는 쉬운 방법입니다. 충분한 물을 섭취함으로써 몸속의 노폐물을 제거할 기회를 얻는 것은 예상하지 않은 보너스죠.

• 커피나 간단한 과일 섭취

개인적인 경험상 새벽에 커피를 마시거나 간단한 과일을 먹는 것이 기상에 도움이 되었습니다. 약간 신맛이 도는 과일을 먹으면 잠이 깨지요. 커피를 즐겨 마시지 않는다면 차, 주스, 또는 찬물도 괜찮습니다. 졸음을 없애고 잠을 깨우는 좋은 방법입니다.

03

일찍 일어나도
피곤하지 않으려면

컨디션을 관리하는 방법을 알아두자

새벽에 출근했다면 하루를 성공적으로 시작한 것입니다. 지속적으로 새벽을 활용하기 위해서는 일과시간 동안의 컨디션 관리도 매우 중요합니다. 아침에 일찍 일어났으니 오후에는 졸음도 찾아오고, 피로감이 더 많이 느껴질 수 있습니다.

잠에서 깨어 있는 동안 뇌 안에서는 아데노신이라는 화학 물질의 농도가 높아지게 됩니다. 아데노신은 수면의 욕구를 느끼게 하는 물질인데, 농도가 높아짐에 따라 피로감을 느끼게 되지요. 일반적으로 오후가 되면 뇌 안에 쌓이기 시작한 피로 물질들이 두뇌 활동을 떨어뜨리게 됩니다. 저는 경험적으로 새벽 출근을 한 날 점심식사를 하고 나면, 머리가 둔해지고 졸음이 많이 오는 현상을 느꼈습니다.

대부분의 직장인은 오후 시간에도 산더미같이 쌓인 업무를 처리해야 하지요. 적절하게 업무 중 컨디션을 최고조로 유지하는 방법을 알고 있다면, 피로감을 덜 느끼면서 능률적으로 일할 수 있습니다.

몸에 좋은 음식 먹기

평상시에 무엇을 섭취하는지도 에너지 레벨에 많은 영향을 줍니다. 새벽 출근을 하면 집에서 아침 식사를 챙겨 먹기 어려운 경우가 많이 있지요. 저는 회사 식당에서 아침 식사를 하는데, 밀가루나 설탕류보다는 과일이나 채소 위주로 하는 편입니다.

스트레칭으로 근육을 이완시키기

생산성과 업무 능률에 대해 많은 지식이 없을 때는 몸을 움직이지 않고 사무실 책상 앞에만 앉아 있었습니다. 가끔 화장실에 가거나 동료들과 차 한잔 마실 때를 제외하고는 말이지요. 생산성과 피로 회복에 대해 관심을 갖고부터는 의식적으로 몸을 움직이는 것이 얼마나 중요한지 알게 되었습니다.

제가 다니는 회사에서는 아침과 점심시간에 사내 방송으로 스트레칭 영상을 방영합니다. 다들 바쁘고 분주하기 때문에 그 영상을 보고 따라 하는 사람은 거의 보지 못했습니다. 그러던 어느 날, 문득 사내 방송에서 나오는 스트레칭 동작을 따라 해보고 싶은 마음이 들었습니다. 5~10분 정도의 시간 동안, 자리에 앉아서 할 수 있는 쉬운 동작을 따라 하는 것만으로도 몸이 훨씬 개운해지는 것을 느낄 수 있었지요.

그 이후로부터 저는 1시간마다 자리에서 일어나 손목과 어깨 목을 돌려주는 것만으로도, 찌뿌둥한 몸 상태를 개운하게 만드는 데는 충분하다는 것을 알게 되었지요. 피로도 풀리고 기분도 전환되어서 몸의 컨디션이 빠르게 회복되는 것을 체험했습니다.

스트레칭은 관절과 근육의 운동 범위를 늘려주고, 부상의 위험을 줄여주는 효과가 있습니다. 보통 스트레칭이라고 하면 고강도 트레이닝 전후의 준비운동 또는 마무리 운동으로만 생각하지만, 스트레칭은 그 자체로도 아주 탁월한 운동 효과가 있다고 합니다.

스트레칭은 혈액 순환을 촉진해 근육과 두뇌에 영양분을 원활하게 공급할 수 있도록 합니다. 몸의 움직임에 집중함으로써 스트레스를 감소하는 효과도 있습니다. 장시간 근무하는 사무직 근로자라면, 짧은 주기로 스트레칭을 자주 해주는 것이 매우 중요합니다.

점심 식사 이후에 짧은 낮잠 자기

저는 오후의 나른함과 식곤증을 예방하는 차원에서 점심 식사 후에는 낮잠을 자는 습관을 실천합니다. 자리에서 의자를 뒤로 젖히고 자도 좋고, 사용 가능한 빈 회의실에서 자기도 합니다. 15분 정도의 낮잠이 주는 유익함은 매우 큽니다. 낮잠은 기억력을 높이고 업무성과를 개선하는 효과가 있습니다. 짜증을 유발하는 피로를 없앰으로써 더 좋은 기분으로 일할 수 있게 해줍니다. 집중력도 높아지고 스트레스도 감소하는 효과가 있지요.

낮잠은 시간 낭비가 아니라 적극적인 자기계발 활동입니다. 낮잠을 통해서 오전에 습득한 정보들을 오래 보존하고, 정보들 사이의 우연한 연결을 촉진하는 효과를 볼 수 있습니다.

낮잠은 15~20분 정도로 짧게 자는 것이 좋습니다. 20분 이상 잠을 자면 깊은 수면 단계Non-REM로 넘어가기 때문에, 잠에서 깨어나기가 더 어려워집니다. 너무 긴 낮잠은 밤의 숙면을 방해하기도 하지요. 물론 그렇게 길게 잘 수 있는 직장인은 많지 않겠지만요.

여러 연구 결과에 따르면, 15~20분 정도의 짧은 낮잠 전에 소량의 카페인을 섭취하면 깨어나기가 쉽다고 합니다. 카페인 섭취 후 각성 효과가 일어나는 데까지 걸리는 시간이 대략 20분 정도이기 때문에, 깨어나기로 한 시점에 카페인의 도움을 받을 수 있다고 합니다.

에너지를 충전하기 위한 운동

저는 편도 7킬로미터 정도의 거리를 걸어서 퇴근할 때가 있습니다. 아무 생각 없이 걸어서 퇴근하다 보면 낮 시간 동안 과열된 두뇌가 진정되고 스트레스가 완화되는 효과를 실감하게 됩니다.

운동이 활력을 증진하는 좋은 도구라는 사실은 많이 알려져 있습니다. 운동은 심박수를 증가시켜 두뇌와 근육을 포함한 신체 조직에 산소와 각종 영양소를 효과적으로 전달해줍니다. 기분이 좋아지고 활력 수준이 높아지는 효과가 있지요. 운동은 우울증을 완화하는 효과가 있고, 밤 시간에 더 빨리 깊은 수면에 도달하게 하는 특효약입니다. 걸어서 출퇴근을 하거나, 회사 내에서 계단을 오르내리는 것도 좋은 운동이 될 수 있습니다. 약간 숨이 찰 정도로 몸을 움직이는 습관을 들이면, 온종일 높은 에너지 수준을 유지할 수 있습니다.

04

당신은
기계가 아닙니다

완벽의 함정

저는 주변을 깔끔하게 정리정돈하는 성격이 아닙니다. 가끔 책상에 아무것도 없이 키보드와 마우스만 올려놓고 사용하는 분들을 보면 부러울 때가 많습니다. 회사뿐 아니라 집에서도 마찬가지입니다. 서재에 있는 컴퓨터 책상은 항상 어수선한 경우가 많습니다.

말이 안 되는 것 같지만 변명거리가 없는 것은 아닙니다. 마음먹고 책상 정리, 방 정리를 시작하면 한도 끝도 없지요. 책상 정리를 하면서 물건을 서랍에 넣다 보면, 필요 없는 것들이 거슬립니다. 그것들을 버리다 보면 일이 커지지요. 만만찮은 일이라는 것을 알고 있으니, 시작할 엄두가 나질 않습니다.

물론 책상 좀 치우라고 했지, 대청소를 하라는 말은 아니었지요. 하지만 우리는 "하려면 제대로 해야지!"라는 말을 너무 많이 듣고 자랐나 봅니다. 하려면 제대로 해야 한다는 생각, 그것이 시작도 못 하게 만드는 장애물이 되거나, 중간에 그만두게 만드는 함정이 된다는 점을 생각해볼 필요가 있습니다.

당신은 기계가 아니다

제가 이 책에서 새벽 출근을 강조하지만, 너무 목숨 걸지는 말았면 좋겠습니다. 새벽 출근은 결국 더 건강하고 행복한 삶을 추구하기 위한 방편일 따름입니다. 일을 더 효율적으로 하기 위한 선제적 조치일 뿐이지, 새벽 출근에 실패했다고 해서 하루나 일주일을 망쳤다고 생각할 필요는 없습니다.

저도 하루도 빠짐없이 새벽에 출근하지는 않습니다. 시기적으로 바쁘고 중요한 일이 몰렸을 때는 일주일 내내 조기 출근을 마다하지 않지만, 그렇지 않을 때는 주에 2~3회 정도만 새벽 시간을 활용할 때도 많습니다. 어떤 날은 새벽에 집에 머물면서 조용히 기도하고 독서할 때도 있습니다. 어떤 날은 늦잠을 잘 때도 있지요.

기계도 항상 최상의 컨디션을 유지하는 것은 아닙니다. 더구나 우리는 기계가 아니지요. 전날 회식으로 과음을 했거나, 또는 아기가 아파서 밤을 새울 때도 있습니다. 새벽이 항상 최상의 컨디션인 것은 아닙니다. 그런 날은 탄력적으로 대응할 필요가 있습니다. 시간을 스스로 통제하는 것이 가장 이상적이지만, 사회와 관계를 맺고 있는 이상 시간을 완벽히 통제하는 것은 불가능합니다. 그리고 가끔은 그런 돌발 상황이 일어나는 것이 삶의 묘미이기도 하지요.

작게 시작하자

만약 독자 여러분이 새벽형 인간이 아니라면, 처음부터 2시간씩 빨리 일어나겠다고 결심할 필요는 없습니다. 그것은 한두 번 가능할지 몰라도, 지속 가능한 것은 아닙니다.

학창 시절, 체력을 키우기 위해 운동을 매일 하기로 결심했습니다. 학교 피트니스센터에 가서 러닝 머신 위에서 뛰는 것부터 시작했지요. 뛰다 보니 땀도 나고 기분도 좋아졌습니다. 첫날에는 그쯤 했어야 했는데 '첫날이니까 제대로' 하겠다는 생각으로 30분 동안 죽을힘을 다해서 뛰었습니다. 그게 저의 20대 시절의 마지막 운동이었습니다. 어떤 행동이 '죽을 만큼 힘든 것'으로 기억되면, 지속하기 힘듭니다. 다음 날 운동 갈 시간이 되었을 때, 반사적으로 전날 탈진 직전까지 뛰었던 경험이 떠올랐습니다.

무슨 수를 써서라도 안 가고 싶었지요.

스티븐 기즈의 《습관의 재발견》에 따르면, 동기가 높을수록 행동할 가능성이 커지고 어려운 일일수록 행동할 가능성이 작아진다는 원칙을 소개합니다. 그런데 동기는 시간이 가면서 떨어지고, 일찍 일어나는 행동은 습관화되기 전까지는 저항이 꽤 크지요. 이렇게 습관을 설계하는 것은 실패를 예약하는 것입니다.

제가 새벽 출근을 처음 시작하는 입장이라면, 1시간 일찍 일어나겠다는 목표 대신 10분만 일찍 일어나겠다는 목표를 설정하겠습니다. 일주일 내내 일찍 가겠다는 목표 대신, 일주일에 하루만 일찍 출근하겠다는 목표부터 시작할 것입니다. 작게 시작해서 저항감은 낮추고, 장점을 체험하면서 동기를 높여가는 것이 유익한 행동을 습관으로 정착시키는 방법입니다.

실패했을 때의 계획을 미리 마련해두자

목표를 달성하는 과정은 계단을 차곡차곡 밟아 올라가듯 일정한 것이 아닙니다. 때로는 실패할 때도 있고, 초과 달성할 때도 있지요. 그렇게 오르내림을 반복하면서 습관이 누적되고 목표로 다가가기 마련입니다. 즉 항상 실패할 때가 있다는 것을 미리 알고 있어야 합니다.

학창 시절 시험공부 하던 기억을 떠올려봅시다. 새벽 1시가 되었고, 너무 피곤합니다. '딱 4시간만 자고, 5시에 일어나서 마저 해야지'라고 단단히 마음먹고 잠이 들지요. 깨었을 때 창문으로 가득 들어오는 햇빛을 보면, 느낌이 바로 오지요. '아, 큰일 났다.'

중요한 계획일수록, 틀어지면 리듬이 깨졌다고 생각하게 됩니다. 저도 새벽 출근을 목숨처럼 여기던 시절에는 새벽 출근에 실패한 날은 하루 종일 실패했다는 생각이 들었습니다.

스티븐 기즈의 또 다른 저서인 《탄력적 습관》에 따르면, 예기치 못한 돌발 상황이나 의욕 저하로 하루 치 목표 달성이 실패했을 때 이로 인해 전체 흐름이 깨지지 않게 하는 처방을 제시합니다. 그것은 바로 하루 치 목표를 탄력적으로 설계하는 것이지요. 팔굽혀펴기 50개를 하기로 마음먹었다 하더라도 이것을 매일 지키는 것은 어렵습니다. '50개가 아니면 안 돼!'라고 목표를 고정해놓으면, 어느 날 40개밖에 못한 날부터는 '운동으로 몸짱 되기'라는 목표 전체가 흔들릴 수 있습니다.

그 대신 운동 강도별로 다양한 옵션을 마련해둔다면, 의욕이 떨어졌을 때에도 어쨌든 가장 쉬운 목표를 선택해 수행하는 것입니다. 하루 운동 목표를 팔굽혀펴기 5개, 10개, 30개 중 어떤 것을 고르더라도 하루 치 목표를 수행한 것으로 인정하는 것이지요.

마찬가지로 새벽 출근에도 이와 같은 방법을 적용해볼 수 있습니다. 새벽 5시에 일어나면 가장 좋지만, 경우에 따라서는 6시에 일어날 수도 있고 7시에 일어나는 날도 있을 것입니다. 이럴 때를 대비해서 목표했던 기상 시간보다 늦어졌을 때 어떻게 대처할 것인지 미리 생각해두는 것이 필요합니다.

예를 들어 '새벽 5시에 일어나 15분 운동/15분 식사/30분 독서 후 6시에 집을 나서는 것'이 표준 루틴이라면, 6시에 기상했을 때는 독서를 생략할 것인지, 아니면 출근 시간을 조금 늦출 것인지를 미리 정해놓는 것이 필요합니다.

이렇게 일과를 설계하면 '완벽 아니면 실패'라는 프레임에서 벗어나게 됩니다. 처음 계획과 다른 상황이 전개되더라도, '예측한 범위 내'라고 인식하기 때문에 삶의 통제력을 유지할 수 있습니다.

05

휴식도 전략이
필요하다

휴식에도 전략이 필요하다

어떻게 쉬는 것이 좋을까요? 무조건 많이 쉬면 좋은 것일까
요? 업무 능력과 효율이 뛰어난 사람들은 자신의 신체 리듬과 패
턴을 잘 연구하고 분석해서 최적화된 휴식 패턴을 즐겨 사용합
니다. 휴식 패턴의 설계는 '단기/중기/장기'로 나눌 수 있습니다.
단기적으로 하루의 휴식을 어떻게 설계해야 최상의 컨디션을 저
녁까지 유지할 수 있는지에 대한 전략을 세워야 합니다. 중기적
으로는 한 주간의 리듬 내에서 언제 가장 에너지가 충만하고 어
느 요일에 가장 힘든지를 분석해서, 연차나 조기 퇴근 등을 어떻
게 배분할 것인지 설계하는 것이지요.

장기적인 휴식 계획도 중요합니다. 나의 업무에 계절적인 패턴이 있다면, 어느 계절이 가장 바쁘고 어느 계절이 가장 한가한지를 분석해볼 필요가 있습니다. 이에 따라서 여름/겨울 휴가를 다녀올 것인지, 아니면 비수기를 택해 휴가를 갈 것인지 등을 설계하는 것입니다. 주말 계획도 가능하다면 액티브한 야외 활동을 위주로 할 수 있는 계절과 조용한 실내 활동 위주로 주말을 보낼 계절을 미리 예측해볼 수 있겠지요.

일과 중에 의식적이고도 전략적인 휴식이 필요

일과 중에 잠깐 쉬는데 '전략'씩이나 필요하다고 생각하는 직장인은 많지 않을 것입니다. 여러분의 휴식 패턴은 어떤가요? 열심히 일하다가 누군가 커피 한잔하러 가자고 할 때 쉬는 편인가요? 아니면 에너지 레벨을 의식적으로 체크해서 휴식이 필요할 때 주도적으로 쉬는 편인가요?

휴식은 단지 '일을 안 하고 노는' 상태가 아닙니다. 주기적으로 스스로를 관찰해보고, 휴식이 필요한지 아닌지를 판단하는 습관이 필요합니다. 지금 목이 뻐근하거나 허리가 아픈지, 또는 기분이 별로 좋지 않은지, 감정이 상하는 일이 있었는지, 혹은 졸음이 찾아오는지 다양한 휴식 촉구 신호를 감지해서 필요할 때 쉬는 것이 중요합니다.

저는 피로감을 느끼지 않더라도 시간을 정해놓고 쉽니다. 회의나 보고 등의 업무 스케줄을 고려해서, 60~70분 주기로 걷거나 기지개를 켜는 방식으로 휴식을 취합니다. 다만 5분이라도 업무에서 잠시 눈을 돌려 몸을 움직여주면서 주의를 전환하는 방식입니다.

사람은 본디 의식적으로 수행하지 않은 것은 잘 기억하지 못하지요. 하루의 태반을 놀고서도 '열심히 일하느라 너무 피곤했어'라고 생각하는 사람이 있는가 하면, 대부분의 시간에 업무에 몰입하면서도 피로를 느끼지 않는 사람도 있습니다. 이것이 바로 의식한 상태에서 휴식을 가져야 하는 이유입니다. 의식적으로 쉬면 '쉬고 있다, 잘 쉬었다'라는 생각에 심리적인 충족감을 끌어올릴 수 있습니다.

1시간에 한 번씩은 의식적으로 몸과 마음을 돌아볼 것을 권합니다. 특히 '기분이 안 좋다'거나 '졸음이 온다'라고 느껴지면 몸이 휴식을 강하게 요구하고 있다는 뜻이니, 즉시 휴식을 취해야 합니다.

중요한 것은 시간 주기나 휴식 방법이 아니라, 자신의 몸 상태를 관찰해보고 여러 휴식 방법을 시도해서 최적의 방법을 찾아나가는 것입니다. '나는 언제 가장 피곤한가? 나는 언제 가장 똑똑한가? 나는 몇 시쯤 가장 의욕이 떨어지는가? 나는 몇 시쯤 가장 예민해지는가?' 등과 같은 질문으로 스스로를 객관적으로 관찰해보는 것이 매우 중요합니다.

일주일 중에서도 브레이크가 필요

대부분 직장인의 한 주간 패턴은 월요일부터 금요일까지 일하고, 토요일과 일요일에 연달아 쉬는 것입니다. 다만, 이러한 패턴이 모두에게 최선인지는 한 번쯤 점검해볼 필요가 있습니다. 각자의 업무 패턴과 컨디션에 따라서 업무의 완급을 조절하는 전략을 사용하는 것이지요.

저는 개인적으로는 화요일과 수요일에 중요한 회의와 보고를 다 마치고 나면 에너지가 부족해지는 것을 경험적으로 느꼈습니다. 그래서 수요일 오후에 반차를 내거나, 또는 가능한 대로 일찍 퇴근하려고 노력하는 편입니다. 수요일에 업무의 브레이크를 넣어주면, 일주일이 빠르게 지나가고 에너지 관리에도 도움이 된다는 것을 느꼈습니다.

각자의 업무 스타일에 맞춰서, 더 일할 수 있는 요일과 일찍 퇴근해야 하는 요일을 구분하는 것이 좋습니다. 상대적으로 에너지가 남는 날에는 조금 더 일하고, 힘든 날은 미리 쉬는 전략을 사용해볼 것을 권합니다.

바캉스 증후군을 주의하자

대부분의 사람은 오래 쉬기를 좋아합니다. 장기간의 휴가는 누구에게나 설레는 이벤트지요. 요즘은 탄력근무제를 시행하는 회사도 많기 때문에, 월요일에서 목요일까지 업무를 모두 처리하고 금요일부터 3일간 연속된 주말 휴무를 즐기는 경우도 많이 있습니다.

그러나 컨디션이나 에너지 관리 측면에서 무조건 오래 쉬는 것이 항상 좋은 것인지는 자문해보아야 합니다. 스스로에 대한 보상의 측면으로서 3일 이상 휴가를 사용하는 것은 좋지만, 사람에 따라서는 휴가 복귀 전에 극심한 스트레스를 겪는 경우도 있습니다. 이른바 바캉스 증후군입니다. 일요일 저녁이 되면 다음 날 회사 갈 생각에 마음이 무거워지는 경험을 많이 했을 것입니다. 정작 월요일이 되면 어떻게든 출근을 할 것이면서도, 휴식이 끝나간다는 생각 때문에 스트레스를 받는 것이지요.

저는 이틀 이상의 휴식을 가진 후 출근 전날 저녁에는 혼자만의 시간을 마련합니다. 내일 무엇을 해야 하는지 잠깐 떠올려서 리스트에 적는 것만으로도 월요병을 상당 부분 완화할 수 있다는 것을 알게 되었습니다.

중요한 것은 자기만의 생체 리듬과 컨디션을 잘 고려해서 휴식의 전략을 짜야 한다는 것입니다. 전략적으로 계획된 질 좋은 휴식은 업무 능률과 정신적 에너지까지 높여준다는 것을 꼭 기억하면 좋겠습니다.

나만의
새벽 루틴을 만들자

루틴의 중요성

아침에 일어나서 딱히 할 게 없다는 생각이 들면, 동기가 생기지 않습니다. 즐거운 기대감을 갖도록 미리 일정을 짜두어야 졸음을 이겨내고 일어날 수 있습니다. 새벽 시간을 활용하고자 한다면, 소소하게나마 나를 위한 보상과 성장이 담보되는 활동으로 미리 프로그램을 짜놓는 것이 매우 중요합니다.

벤저민 스폴과 마이클 잰더의 책《성공한 사람들의 기상 후 1시간》에는 사회적으로 성취를 이뤄낸 64명의 저명한 인사들의 아침 루틴이 소개되어 있습니다. 성공한 사람들은 대부분 새벽 시간 활용의 달인들이었고, 아침에 일어나서 하는 행동이 정형

화되어 있었다는 사실은 주목할 만합니다. 길지 않은 아침 시간을 허비하지 않으려면, 미리 무엇을 할지를 사전에 정해두어야 한다는 사실을 기억합시다.

일찍 일어난 나를 위한 보상을 만들어두자

새벽 기상은 더 자고 싶은 욕구와의 싸움입니다. 저절로 잠에서 깨는 경우도 있지만, 수면의 저항에 맞서 의지력을 발동하는 것으로 시작되지요. 아침 일찍 일어났다는 사실 자체로 성취감을 느끼도록, 그리고 더 자고 싶은 욕구에 저항할 유인이 생기도록 자기만의 보상을 만들어두는 것이 필요합니다.

이는 많은 습관 관련 책에서 공통적으로 강조하는 것입니다. 이범용 작가의 《습관 홈트》에 따르면, 작은 습관을 형성할 때에도 보상이 필요하다고 합니다. 적절한 보상이 주어지면 뇌에 '좋은 것'으로 각인되고, 이것이 반복되면 특정 행동이 보상으로 연결된다는 신경 회로가 형성되기 때문입니다.

찰스 두히그의 책 《습관의 힘》에서도 행동을 촉발하는 신호와 이로 인해 얻을 수 있는 보상을 분명하게 제시하는 것이 습관 형성의 필수적인 요소라고 강조하고 있습니다.

《성공한 사람들의 기상 후 1시간》에 따르면, 새벽 기상의 달인들은 일어나자마자 좋아하는 차를 마시거나, 입맛을 돋울 수 있는 간단한 식사를 한다고 합니다. 각성을 촉진하고 몸에 에너지를 공급한다는 측면 외에도, 티 타임이 일종의 보상이 되어 아침 기상의 저항감을 이겨낼 수 있게 하는 것입니다.

개인적으로 저는 일찍 일어나면 시리얼과 과일, 그리고 커피로 아침을 시작합니다. 당분을 보충해주면 에너지가 상승하는 효과도 있지만, 침대에서 깨어나 간단한 아침 식사를 할 생각을 하면 '먹고 싶다'라는 욕구로 인해 일어나게 되는 효과도 있습니다.

새벽 기상을 수월하게 하려면 내가 좋아하는 것이 무엇인지 스스로에게 물어보고, 다양한 시도를 통해서 적절한 보상 메커니즘을 형성하는 것이 필요합니다.

장기적으로 도움이 되는 방향으로의 루틴을 만들자

충분히 매력적인 보상 메커니즘을 활용할 필요는 있지만, 장기적으로 유익한 방향으로 루틴을 만들어야 한다는 점을 염두에 두어야 합니다. 예를 들어, 다이어트를 염두에 둔 사람이 운동 후의 보상으로 초콜릿을 먹는다면 결코 목표를 달성할 수 없겠지요.

기상에 대한 보상도 가급적 신체와 두뇌 건강에 좋은 것을 선택하는 것이 좋습니다. 저는 아침에 시리얼과 커피를 즐겨 먹습니다만, 빈속에 커피를 마실 때마다 몸에게 약간 미안한 마음이 듭니다. 그래서 요즘은 커피보다는 따뜻한 차로 바꾸는 시도를 하고 있습니다. 간단한 식사도 견과류나 과일 등으로 바꾸니, 오전 시간이 가뿐해지는 느낌을 받았습니다.

아침 시간을 줄일 수 있도록 미리 출근 준비를 해두자

아침 시간을 최대한 활용하기 위해서는 출근 준비에 소요되는 시간을 최소로 줄이는 것이 좋습니다. 저는 샤워하는 시간을 줄이기 위해서 전날 밤에 샤워를 하고 개운하게 자려고 하는 편입니다. 면도하는 시간도 아까우니 전날 밤에 면도를 미리 해놓으면 시간을 줄일 수 있겠지요.

무엇을 입고 갈지 고민하지 않도록 출근 복장을 미리 챙겨두는 것도 중요한 습관입니다. 삶의 효율을 높이기 위한 대부분의 기술과 습관은 어릴 때 부모님께 배우는 것들이지요. 새 나라의 '어른이'가 되는 마음가짐으로, 전날 밤에 미리 다음 날 아침 출근 준비를 해두는 습관을 들이면 좋겠습니다.

처음부터 너무 많은 일을 하려고 하지 말자

아침에 의욕이 넘쳐나면, 온갖 것을 다 하고 싶을 때가 있습니다. 아침 식사도 해야 하고, 운동도 해야 하고, 책도 읽어야 하지요. 하지만 우리에게 주어진 아침 시간은 기껏해야 2시간 정도일 것입니다. 더 일찍 일어난다면 3시간 정도까지가 한계치겠지요.

'이것도 해야 하고 저것도 해야 하는데…'라는 식으로 의욕이 넘쳐나면, 하나도 제대로 되지 않는 경우가 많습니다. 이럴 때는 각 활동별로 명확하게 시간을 제한하는 방법을 사용하면 좋습니다. 예를 들어, 10분 동안은 독서만 하는 것이지요. 그렇게 하면 한 가지 일을 하는 동안 다른 할 일이 생각나서 주의를 분산시키는 상황을 피할 수 있습니다.

좀 더 좋은 방법은 아침에 일어나 너무 많은 일을 해내려는 마음에서 벗어나는 것입니다. 운동이든 독서든, 한두 가지만 정해놓고 집중적으로 해보는 것이지요. 그렇게 하는 것이 우왕좌왕하다가 아무것도 못 하는 것보다는 훨씬 나은 것입니다. 저도 신입사원 시절에는 아까운 아침 시간에 최대한 많은 일을 하려고 애썼지만, 지금은 약간 여유를 가지고 운동이면 운동, 글쓰기면 글쓰기 등 '오늘 아침엔 이것 하나는 제대로 했다'라는 생각으로 결과물을 만들어내려고 노력하는 편입니다.

기억해야 할 것은 어떤 활동을 하든 아침에는 기계적으로 움직일 수 있도록 행동 프로그램을 짜두어야 한다는 것입니다. 기상한 후에 '뭐 하지?'라고 헤매지 않도록, 자기 자신이 무엇을 좋아하고 무엇을 추구하는지를 살펴서 아침 루틴을 프로그래밍해두도록 합시다.

5부

멘탈을
강화하는
새벽 활용법

01

멘탈 관리와 성과는
별개가 아니다

직장인의 성패는 멘탈 관리에 달렸다

직장인으로서의 성패는 궁극적으로는 멘탈 관리 능력에 달려 있다고 해도 과언이 아닙니다. 어떤 의미에서는 업무와 관련된 스킬이나 지식보다도 멘탈 관리, 즉 정신적인 안정 상태를 유지하는 능력이 더욱 중요하다고 할 수 있습니다.

우리는 모두 멘탈로 일합니다. 멘탈은 지식근로자든 육체근로자든, 벅찬 일과와 높은 강도의 업무를 감당하게 해주는 에너지의 원천입니다. 몸이 아무리 힘들어도 회사에 나가서 일할 수 있지만, 인간관계로 스트레스를 받거나 열등감이 생기면 극단적 선택까지도 생각할 수 있는 존재가 사람입니다. 긍정적인 멘탈 관리 능력은 업무를 지배할 뿐 아니라, 업무 그 자체라고 해도 과언이 아닐 것입니다.

바람직한 행동은 긍정적인 마음가짐으로부터 나옵니다. 창의적인 아이디어도 심리적 안정성이 담보된 상태에서 창출됩니다. 육체적인 능력도 건강한 정신으로부터 나옵니다. 감정과 마음이 개입되지 않는 행동, 성과, 결과물이란 존재할 수가 없습니다.

스트레스를 잘 관리하고 언제든지 긍정적인 감정 상태를 이끌어낼 수 있는 능력을 갖춘다면, 외적인 상황이 우호적이지 않을 때에도 기본적인 행복 상태를 유지할 수 있습니다. 통제 불가능한 상황 속에서도 감정을 잘 제어할 수 있다면, 그로 인해 무너지지 않고 다음 기회를 도모할 수 있는 것이지요.

그런 의미에서 정신 건강은 육체 건강과 함께 직장인이 지켜야 할 가장 소중한 것 중 하나입니다. 커리어보다도, 당장의 명예와 존경보다도, 직장에서의 입지와 지위보다도 중요한 것이 바로 멘탈 관리 능력입니다.

직장인 정신 건강의 적, 스트레스

직장생활은 스트레스와 함께하는 것이라 해도 무방할 것 같습니다. 그렇다면 스트레스는 왜 생기는 것일까요? 엘리자베스 스탠리 교수의 책《최악을 극복하는 힘》에 따르면, 진화적으로 스트레스는 생명의 위협을 받는 상황에 직면했을 때 생존 가능성을 높이기 위한 우리 몸의 방어기제라고 합니다. 예를 들어, 원시 시대에 호랑이를 만났다면 그에 대응하기 위해 혈류가 증가하고 호흡이 빨라지고 근육을 긴장시킴으로써, 맞서 싸우거나 도망갈 수 있도록 준비시키는 과정이라는 것이지요. 스탠리 교수는 원시 시대에 생명을 위협하는 상태는 오래 지속되는 것이 아니었기 때문에 스트레스의 영향은 일시적인 것으로 제한된다고 말합니다. 상황이 종료되면 다시 이완됨으로써 스트레스의 영향으로부터 벗어나게 되지만, 어떤 의미에서는 심리적 내성을 증가시켜 한층 더 성장하는 효과도 있지요.

그러나 현대 사회에서의 스트레스는 만성적이고 지속적으로 나타납니다. 실제로 호랑이가 나타나는 정도의 생명 위협 수준은 아니지만, 우리 뇌는 생소하고 통제가 어렵다고 느끼는 상황에서는 비슷한 방식으로 반응합니다. 만성적인 스트레스는 계속해서 이빨을 드러내는 호랑이를 마주하는 것과 같은 상황인 것이지요.

장기적으로 스트레스를 받으면 뇌의 사고 기능이 손상될 수 있습니다. 윤리적으로 바람직하지 못한 행동에 유혹을 받을 가능성도 커진다고 합니다. 신경세포끼리의 새로운 연결이 억제되고 정상적으로 기능하지 못하게 되면서 기억력이 감퇴하는 현상도 겪을 수 있습니다.

육체 건강만큼 중요한 정신 건강

우리는 육체 건강을 위해서는 시간과 돈을 투자합니다. 하지만 육체 건강에 신경 쓰는 만큼 마음 건강을 위해서도 많은 신경을 쓰는지는 의문입니다. 건강 관리를 위해 운동을 하고 좋은 음식과 건강식품, 보약을 챙겨 먹는다는 사람은 많아도 마음 관리를 위해 무엇을 하는지 물어보면 선뜻 대답하지 못하는 사람이 대다수일 것입니다.

최근에는 기업도 심리적 건강의 중요성을 인식하고 직원 복지의 일환으로 마음 건강 프로그램을 운영하는 곳이 생기고 있습니다. 바람직한 움직임입니다. 아직 이런 프로그램을 제공하지 않는 회사에 있다면, 스스로 비용과 시간을 들여 정신 건강을 돌보는 것이 필요합니다.

정신 건강을 유지하기 위한 몇 가지 제안

직장인이 정신 건강을 유지하기 위한 몇 가지 방법을 소개하려고 합니다.

• 주위에 정신적 지지를 받을 수 있는 동료를 둘 것

스트레스 상황에 대해 대화를 통해 공유하고 공감할 수 있는 동료를 두는 것은 큰 도움이 됩니다. 같은 직장에 속해 있는 동료도 괜찮고, 또는 마음을 터놓고 만날 수 있는 친구나 선후배도 도움이 됩니다.

리사 펠드먼 배럿 교수의 책《이토록 뜻밖의 뇌과학》에 따르면, 스트레스는 외부 자극에 대응하는 과정에서 신체 예산에 불균형이 생겼을 때 발생하는 것입니다. 저자는 인간은 다른 사람과 상호작용하는 과정에서 정신적 지지를 받았을 때, 그 사람으로부터 신체 예산을 지원받게 된다고 말합니다.

다른 사람의 따뜻한 위로나 격려가 단순한 심리적인 효과를 일으킬 뿐 아니라, 생리적으로도 밸런스를 맞추는 효과가 있다는 것이지요. 이 과정을 통해서 신체 예산의 균형을 찾고 스트레스를 경감시키는 결과를 볼 수 있습니다.

· **긍정적인 자기최면을 적극적으로 활용할 것**

저는 박세니 작가의 책《멘탈을 바꿔야 인생이 바뀐다》라는 책을 좋아합니다. 저자는 인간의 정신과 무의식의 작용에 대해 수십 년간 깊이 있게 연구한 결과로서, 긍정적인 자기최면과 상상력의 힘을 활용해서 잠재의식을 바꾸는 방법을 서술하고 있습니다.

스트레스란 기본적으로 외적 상황을 통제하거나 감당할 능력이 없다고 생각할 때 발생하는 것이므로, 자기 자신의 능력과 힘에 대한 신뢰가 깊은 사람일수록 스트레스에 대한 내성이 크다고 말할 수 있습니다. 자기 자신에 대해 지속적으로 긍정적인 상상과 확언을 함으로써, 긍정적인 자아상을 유지할 수 있습니다. 자아상이 긍정적이고 건강한 사람은 스트레스에 대한 내성이 커져 외적 상황에 상대적으로 덜 흔들리고 평정심을 유지할 수 있습니다.

- **전문가의 도움을 적극적으로 받을 것**

자동차를 고치기 위해서는 정비소를 찾아갑니다. 몸이 아프면 의사를 찾아가고, 새로운 지식과 테크닉을 배우기 위해서는 해당 분야의 선생님을 찾아갑니다. 마음 건강 역시, 전문가의 도움을 적극적으로 활용할 것을 권합니다.

흔히 멘탈 관리는 그야말로 '마음먹기에 달린 것'이라고 생각해서, 전문가의 도움보다는 자기의 의지로 시도해보려는 경우가 많습니다. 하지만 마음은 마음먹기에 따라 바꿀 수 있는 것이 아니라, 복잡한 메커니즘에 의해 형성되는 것입니다. 현대 신경과학 연구를 통해 마음은 가상의 세계에 외따로 존재하는 것이 아니라, 우리 뇌에서 벌어지는 물리적인 작용에 의해 생겨나는 것이라고 합니다.

마음이 힘들고 어려우면 적극적으로 심리상담사나 정신건강의학과 전문의와 상담할 것을 권하고 싶습니다. 사내에 마음치유 프로그램이 운영되고 있으면 그 역시 좋은 선택지가 될 것입니다. 요즘은 휴대전화 앱을 통해서 전화로도 심리 케어를 받을 수 있기 때문에, 직장생활 스트레스로 마음에 불편함을 느낀다면 건강 관리 차원에서 전문가와 동행하는 것을 추천합니다.

02

나만 뒤처지고 있다는
열등감이 들 때

직장생활을 할 때 꼭 알아야 할 중요한 테크닉 중 하나는 바로 열등감을 극복하는 기술입니다. 열등감이 없는 사람은 없지요. 특히 여러 사람이 함께 모여 일하는 직장인의 경우에는 주위에 비교할 대상이 많기 때문에 열등감을 느낄 위험에 항상 노출되어 있습니다.

열등감은 능력치를 제한하고 긍정적인 마음가짐을 떨어뜨립니다. 직장인으로서는 가장 심각한 손해가 되는 요인 중 하나이죠. 열등감에 빠지면 매사에 자신감이 없어지고, 새롭게 도전하고자 하는 마음이 사라지게 됩니다. 자연스럽게 업무 성과에도 부정적인 영향을 미치게 됩니다.

좀 더 근본적으로는 자기 효능감이 없어지기 때문에 행복해지기 어려워집니다. 직장생활도, 사회생활도 결국 행복을 위해 하는 것이 아닐까요? 열등감 때문에 행복까지 잃게 된다면, 열심히 살아야 할 이유마저 잃게 될 가능성이 있겠지요.

열등감이 생기는 원인

열등감을 극복하기 위해서는 열등감이 왜 생기는지에 대해서 알아야 합니다. 우리 내부에서 열등감이 생기게 하는 몇 가지 씨앗을 살펴보려고 합니다.

• 타인과 자기 자신을 비교하는 습관

가장 흔한 이유는 다른 사람과 자기 자신을 비교하는 습관 때문입니다. 타인과 자신을 비교하면 유익한 결과를 얻기 어렵습니다. 타인의 우월한 점을 볼 때는 본인이 열등하게 느껴지게 되고, 반대로 나보다 못한 점을 발견하게 되면 교만해지기 쉽지요. 자기 자신을 타인과 비교하는 것은 열등감에 빠지는 큰 원인입니다.

• 흑백 사고

흑백 사고도 열등감의 원인이 될 수 있습니다. '성공하지 못하면 실패하는 거야. 저 사람보다 잘하지 못하면 열등한 거야. 내

의견에 반대 의견을 제시하는 것은 내가 틀렸다고 말하는 거야.'
이런 흑백 사고는 자신감을 가질 수 있는 포지션을 제한하기 때문에 열등감에 빠지게 될 가능성이 상당히 크다고 합니다.

• **성장 배경**

성장 배경에도 영향을 받을 수 있습니다. 완벽주의적인 부모 밑에서 자랐거나, 부모로부터 매사에 꾸중을 듣고 자란 경우에는 본인이 무언가 제대로 하지 못하는 사람이라는 정체성이 생길 수 있습니다. 이런 정체성이 사회에 나와서도 다른 사람만큼 제대로 해내지 못한다는 열등감으로 전개될 가능성이 있지요.

열등감을 극복하는 방법

열등감을 극복하기 위해서는 어떻게 해야 할까요?

• **다른 사람과 자기 자신을 비교하지 말자**

회사에는 수많은 사람이 존재합니다. 30명이 있는 조직에서 두 명을 비교해야 한다면, 400가지가 넘는 조합이 존재하게 됩니다. 누가 당신과 다른 사람을 비교할까요? 관심을 가질 여유가 있을까요? 각자 자기 할 일 하는 것이지, 아무도 당신을 다른 사람과 비교하지 않습니다.

따라서 다른 사람의 시선을 그렇게 의식할 필요가 없습니다. 중간관리자에 위치해 있는 저도 제 아래 직급 사람들 간 우열을 비교하지도 않고, 그럴 여유도 없습니다. 지휘 감독자도 그런 생각을 할 겨를이 없는데, 다른 사람들이라고 그런 생각을 할까요? 다른 사람의 시선에 너무 신경 쓰지 마십시오.

• 열등감을 일으키는 생각에 도전한다

감정에 의존하지 말고, 사실에 의지해야 합니다. 나는 다른 사람보다 못하다는 생각이 들 때, 다시 한번 그 생각에 도전해봅시다. "왜 그런 생각이 들었을까? 그렇게 믿을 만한 근거가 있을까? 근거라고 든 그 사실은 과연 팩트일까? 그것이 팩트라 하더라도, 그 팩트로부터 '내가 다른 사람보다 열등해'라는 결론이 도출되는 과정이 과연 합리적이고 논리적일까?"

순간적으로 느끼는 감정은 대부분 사실에 근거하지 않은 것일 가능성이 큽니다. 사실이 중요한 것입니다. 사실에 근거하지 않은 나쁜 감정은 그저 감정일 뿐이고 극복해야 할 대상인 것입니다.

누군가를 보면서 열등감을 느낄 때 이 사실을 기억하십시오. 당신이 그 사람보다 열등하다고 믿을 근거가 있나요? 왜 그것이 당신이 열등하다는 사실을 뒷받침해주나요? 대부분의 열등한 감정은 올바른 사실에 근거하고 있지 않다는 사실을 기억합시다. 당신은 열등하지 않습니다.

• 힘이 되는 사람과 함께하기

당신에게 힘을 주는 사람과 함께해야 합니다. 당신에게 긍정적인 이야기를 해주는 사람이 있다면 열등감 극복에 많은 도움이 됩니다. 제가 한참 다른 동료들과 경쟁하면서 지쳐 있을 때, 저와 함께 일했던 팀장님은 무언가를 물어보실 때 독특한 어법을 구사했습니다. "Y 책임은 이 분야 전문가로서 어떻게 생각하나요?"라는 식이었어요. "○○ 선임님, 이 문제에 대해서 전문가의 의견을 여쭤볼게요"라든지, "×× 책임님, 이 분야 장인으로서 어떻게 하면 될까요?" 같은 식이죠.

우리 모두는 누군가의 비교 대상이 아니라 각자 분야의 전문가입니다. 회사는 분업을 하는 곳이고 누구도 당신의 일을 대체할 수 없죠. 따라서 다른 사람과 자기 자신을 비교하는 것은 '컴퓨터와 자동차 중에 무엇이 더 우월하냐'와 같은 뚱딴지 같은 것이죠.

그때부터 저는 열등 콤플렉스를 극복하기 시작했습니다. 다른 사람과 나는 비교 대상이 아니었습니다. 그냥 각자 자기 분야의 장인, 또는 전문가인 것이죠.

힘을 주는 사람과 함께 있으려고 노력하십시오. 직장 동료도 좋고, 또는 개인적으로 친한 친구라도 좋습니다. 그런 긍정적인 말을 해주는 사람과 함께한다면, 조금씩 열등감 치유에 도움이 될 것입니다.

• **자기 자신을 받아들이기**

누구나 열등감을 느낄 만한 요소를 가지고 있습니다. 그렇다고 해서 당신이 열등한 것은 아닙니다. 본인의 결점을 어느 정도는 수용할 줄 알아야 합니다.

노력해서 결점을 극복하는 것도 유익하겠지만, 극복하지 않으면 어떻습니까? 완벽한 사람은 없습니다. 누구나 마찬가지입니다. 도전하는 것은 유익하지만, 모든 것을 다 완벽하게 만들 수 없다는 것도 인정해야 합니다. 자신의 모습을 그대로 사랑해주는 것도 깨달아야 할 중요한 테크닉입니다.

따라서 다른 사람과 자기 자신을 비교했을 때 열등하게 느껴지는 것이 있더라도 그 모습을 그대로 받아들이는 것도 필요합니다. 극복하기 위해서 노력할 것인지는 그다음에 본인이 결정하면 되는 문제이죠.

열등감을 느끼지 않는 사람은 없지만, 당신은 열등하지 않다

열등감을 느끼지 않는 사람은 없습니다. 기억에 남는 것은 저보다 모든 면에서 뛰어나다고 여겼던 동료와 이야기할 기회가 생겼는데 그분도 저를 보면서 똑같은 생각을 하고 있었다는 겁니다. 그때 저는 세상과 사람들을 좀 달리 보게 되는 계기가 되었습니다. 누구에게나 자신을 타인과 비교하는 마음이 조금씩은 있다는 것을 알게 되었어요.

당신은 열등하지 않습니다. 열등감은 대부분 근거 없는 것일 가능성이 큽니다. 열등감의 원인을 파악하고, 자기 자신을 제약하는 열등감을 이겨내고, 모두가 조금 더 행복하게 직장생활을 할 수 있으면 좋겠습니다.

03

우울증, 마음먹기의
문제가 아니다

개인적인 경험담

몇 년 전, 우울증 진단을 받았습니다. 제가 겪었던 주요한 증상은 심한 감정 기복과 자기비하적 사고방식이었습니다. 예를 들어, 회의 시간에 누군가 발표나 제안을 하면 '나는 왜 저런 제안을 하지 못했지?'라고 생각하면서 저와 비교하는 식이었습니다. 상사가 다른 사람에게 업무 지시를 하면 '왜 나한테는 시키지 않지? 내가 저 사람보다 신뢰감이 덜한가?'라는 식으로 생각하는 것이지요.

쓰다 보니 일상생활이 불가능한 정도인 것처럼 보이지만, 그 정도는 아니었습니다. 그저 상황을 자주 부정적으로 해석했고,

그런 생각이 들 때마다 굉장히 고통스러운 감정을 겪었지요. 하지만 계속 이런 감정에 빠지다가는 행복한 삶은커녕 회사에서의 커리어 축적에도 문제가 있겠다는 생각이 들었습니다.

지금은 정신건강의학과(이하 정신과) 방문하는 것에 큰 거리낌이 없지만, 처음 방문할 때는 큰 용기가 필요했습니다. 정신과는 정상 생활 자체가 불가능할 정도의 사람들이 가는 곳이라고 생각했기 때문이었어요. 정신과에 대기하는 환자들이 그렇게 많다는 것도 놀라웠습니다.

의사의 소견으로는 상당한 수준의 우울증이라고 했습니다. 온종일 기분이 우울한 것도 아닌데 우울증이라니 의아했지만, 의사는 우울증이라고 항상 우울한 것은 아니라고 했습니다. 사고 회로가 부정적인 루프에 자꾸 빠지는 것은 전형적인 우울증의 증상이라고 하더군요.

우울증은 마음의 문제가 아니다

저는 마음의 문제는 마음으로 해결해야 한다고 믿고 있었습니다. 크리스천이기 때문에 더욱 그랬을지도 모릅니다. 마음을 지키는 것은 크리스천의 가장 중요한 덕목 중 하나이니 말이지요. 하지만 현대 의학에서는 우울증은 마음먹기에 따라 쉽게 극복할 수 있는 것이 아닌, 물리적 실체를 가진 질병이라고 말하고 있습니다. 심리요법뿐 아니라, 신경과학적 근거에 기반한 적절한 약물 처방으로 개선할 수 있으므로 적극적으로 의사의 도움을 받아야 하는 질환으로 받아들여야 합니다.

현대 신경과학은 우울증의 원인을 상당 부분 밝혀냈고, 약물치료를 위한 의학적 근거도 제공하고 있습니다. 앨릭스 코브의 책 《우울할 땐 뇌과학》에 따르면, 우울증은 의식적 사고를 주로 담당한다고 알려진 전전두피질과 감정이나 충동 작용을 담당한다고 알려져 있는 변연계 사이의 의사소통에 일시적으로 문제가 생겼을 때 발생하는 것이라고 합니다. 감정을 느끼는 신경 회로가 어떤 이유에서인지 부정적인 루프에 빠지게 되었을 때, 끝없이 부정적인 쪽으로 사고가 전개되는 현상을 겪는다는 것이지요.

우울증은 흔히 뉴런 사이의 시냅스에 세로토닌이 부족할 때 생긴다고 알려져 있습니다. 가장 흔한 치료 중 하나로 선택적 세로토닌 재흡수 억제제SSRI를 처방하는 것도, 시냅스 내에 세로토닌의 농도를 높임으로써 감정 기복을 억제하고 부정적인 루프에 빠질 가능성을 줄이는 원리라고 합니다.

우울증은 감기가 아니다

몸이 아프면 병원에 가듯이, 마음이 아프면 정신 건강 측면에서 진단과 상담을 받는 것은 지극히 당연합니다. 그런데도 마음의 문제는 '마음먹기 나름'이라는 오해로, 또는 소위 자기가 '정신병'은 아니라는 이유로 정신과 방문을 꺼리는 경우가 많습니다. 적절한 치료의 시점을 놓쳤다가 질환을 키우고, 행복을 잃는 일을 피하려면, 몸의 건강을 살피는 것처럼 마음의 건강을 지속적으로 살펴야 합니다.

흔히 우울증을 마음의 감기라고 합니다. 흔히 찾아오는 질병이라는 차원에서 이렇게 표현하는 경우가 많은데, 자칫하면 큰 오해를 불러일으킬 수 있는 말입니다. 감기는 중증으로 진행되지 않는 경우가 대부분이고, 하루 이틀 푹 쉬면 낫기도 합니다. 하지만 우울증은 자각하기 쉽지 않고, 가만히 내버려 둔다고 낫는 것도 아닙니다. 뿐만 아니라 중증으로 진행되면 심각한 피해를 발생할 수 있다는 점에서 적극적인 개입과 치료가 필요한 질병입니다.

특히 정신노동자들은 긍정적인 심리 상태를 유지할 때 아이디어와 해결책을 내놓을 수 있기 때문에 멘탈 관리가 더더욱 중요하다고 할 수 있습니다. 직장인이 우울증에 빠져 있다는 것은 달리기 선수가 무릎 질환을 가지고 있는 것과 마찬가지입니다.

기능적으로 업무를 원활하게 처리할 수 없는 상황에 있는 것이지요.

전문가의 도움을 받아 마음을 관리하자

회사에서는 직원들의 건강 상태를 체크하기 위해서 건강검진을 실시합니다. 개인적으로 건강 관리에 신경을 많이 쓰는 사람들은 정밀 건강검진을 해마다 받기도 하지요. 하지만 마음 건강의 중요성과 이를 관리하기 위해 전문가들의 도움을 적극적으로 받아야 한다는 사실에 대해서는 큰 자각이 없는 것 같습니다.

"내 몸은 내가 잘 알아!"라는 말이 만용이듯, "내 마음은 내가 잘 알아!"도 만용일 수 있습니다. 저는 증상이 있든 없든, 마음 건강 관리도 전문가의 도움을 받아야 한다고 확신합니다. 주기적으로 정신과를 방문해서 요즘 느끼는 마음에 대해 상담을 받거나, 또는 자신과 잘 맞는 심리상담사를 찾아서 우울감과 스트레스에 대해 대화를 나누고 상담하는 과정이 꼭 필요합니다. 정신 노동자들이라면 더더욱 필요합니다.

여러분의 회사 동료나 상사 중에서 쉽게 스트레스를 받거나 감정 기복이 심하거나, 또는 쉽게 분노하는 분이 있을 것입니다. 당사자도 힘들겠지만, 주위 사람들도 많이 힘들지요. 그런데 본인은 자각하기 쉽지 않습니다. 즉 우리도 그런 사람일 수 있다는 의미일지도 모릅니다.

만약 회사에서 부정적인 기분에 자주 빠지는 편이라면(또는 주위에서 자주 그렇게 말한다면) 주저하지 말고 병원을 방문해볼 것을 권하고 싶습니다. 묵히다가는 본인도 괴롭고 주변 사람들도 괴롭게 하는 악순환에 빠질 수 있습니다. 그리고 정신과라는 곳이 그렇게 무서운 곳도, 부담스러운 곳도 아닙니다. 기록에 남아서 인사에 불이익을 받는 일도 엄격히 금지되어 있기 때문에 걱정할 것이 하나도 없습니다.

저는 개인적으로 정신과 전문의 선생님의 도움을 받아서 우울증을 상당 부분 개선했습니다. 뇌 내에 유효 세로토닌의 농도를 높여주는 약을 처방받아서 감정의 기복과 부정적인 감정의 수렁에 빠지는 일이 현저히 줄어들었지요. 자연히 업무 성과도 좋아졌고, 주위 사람들과의 관계도 좋아졌습니다.

치료의 효과를 경험하고 나니, 왜 그걸 참고 있었을까 하는 생각도 들더군요. 마음 관리도 중요하다고 생각한다면 부디 정신과에 대한 막연한 거부감을 내려놓고, 전문가의 도움받기를 주저하지 마세요.

04

너무 잘하려고
애쓰지 말자

매사를 완벽하게 하려는 강박주의

신입사원 시절 저를 지도해주셨던 팀장님께서는 종종 "바닷물을 끓이지 말라"고 말씀하셨습니다. 그 의미인즉슨, 불가능할 정도로 어려운 과업을 모두 맡으려고 애쓰지 말라는 뜻이었습니다.

당시 저는 완벽주의자에 가까웠습니다. 무엇이든 하려면 100% 완벽하게 빈틈없이 해야 한다고 생각했습니다. 예를 들어 책을 읽을 때는 머리말부터 에필로그까지 빠짐없이 읽어야 한다고 생각했고, 미팅이나 보고 자리에서 상사가 실무에 관한 디테일을 물어보았을 때 기억이 안 나서 '확인해보겠습니다'라고 말하는 날에는 그 자리에서 대답을 하지 못한 것에 대한 스트레스가 상당했습니다.

매사에 완벽하게 해야 한다는 강박적인 태도가 불러오는 부작용에는 몇 가지가 있습니다.

강박적인 완벽주의가 가져오는 몇 가지 폐해

- **새로운 시도 자체를 어렵게 만든다**

집 청소를 할 때마다 완벽하게 해야 한다면, 청소를 시작할 엄두를 못 내게 됩니다. 완벽하게 하느라 진이 빠진 경험이 있다면, 자연스럽게 그 행동에 대한 거부감이 생기게 됩니다. 뇌의 보상 회로가 역방향으로 작동하는 것이지요. 보고서를 작성할 때도 사전에 모든 데이터와 자료가 다 준비되어야 한다고 생각한다면, 첫 문장을 쓸 수가 없습니다. 문장의 완결성과 디자인까지 빈틈없이 완벽하게 해야 한다고 생각한다면 즉시 시작할 수 있을까요?

- **둘째, 약간의 실수가 있을 때 금방 포기하게 만든다**

강박적인 완벽주의는 장기간에 걸친 프로젝트를 수행하다가 빈틈이나 실수가 발생했을 때 중도 포기하게 만드는 요인이 됩니다. 한때 저는 '블로그에 매일 2,000자 분량의 포스팅을 쓰겠다!'라고 결심한 적이 있었습니다. 첫 1~2주 정도는 지켰지만,

어느 날은 글감이 떠오르지 않아서, 어느 날은 시간이 없어서 빼먹게 되었지요. 그 이후로부터는 블로그에 글을 쓰는 자체가 스트레스로 다가오는 경험을 했습니다. 모 아니면 도라는 생각이, 완벽하지 않아도 한 걸음 진전하는 것의 가치를 평가절하하게 만듭니다.

- **셋째, 에너지와 주의력이 분산되어 정작 중요한 일에 집중하지 못하게 만든다**

저는 매일 반복해야 하는 일련의 업무를 컴퓨터가 자동으로 처리하도록, 엑셀 매크로 기능을 사용해서 프로그램을 짜두었습니다. 그래서 꽤 많은 시간을 절약했고, 꽤 똑똑하게 일한다는 소리를 들었습니다.

그런데 하루는 프로그램에 오류가 나서 매크로를 사용할 수 없었습니다. 일단 수동으로 급히 처리해놓긴 했지만, 너무 신경이 쓰여서 그날 온종일 그 오류를 수정하느라 아무것도 못했습니다. 정말 중요한 것은 엑셀이 아니라, 반도체를 개발하는 것이었는데 말이지요.

주의력과 집중력, 그리고 에너지는 한계가 있습니다. 내 목적과 목표에 부합하는 일에 시간을 쏟아야 합니다. 매사를 완벽하게 하려고 하다가는 목적이 전도되는 현상을 겪을 수 있습니다.

죽고 사는 문제가 아니면, 대충 하자

대충이라는 말에 거부감을 느끼는 분들이 계실 것입니다. 어려서부터 '하려면 제대로 해야지!'라는 교육을 받아서 그럴지도 모르겠습니다. 하지만 정말로 중요하지 않은 일은 대충 하는 것도 필요합니다. 안 하는 것보다는 나으니까요. 목적과 목표를 달성하는 데 직접적으로 영향을 끼치지 않는 분야라면, 거기에 지나친 에너지를 쏟지 않도록 조절해야 합니다.

저는 세차를 대충 합니다. 손세차를 하면서 빛이 날 때까지 닦는 대신, 너무 지저분하지만 않으면 된다는 생각입니다. 물론 반짝반짝한 차를 타면 기분이 좋지요. 하지만 저는 너무 더럽지만 않다면 만족합니다. 어쨌든 안 하는 것보다는 나으니까요.

저는 설거지도 대충 합니다. 쌓여 있는 그릇들을 모두 세척하는 대신, '그릇 열 개만 닦고 그만해야지'라고 생각합니다. 엄두가 안 나서 시작도 하지 못하는 것보다는 열 개라도 닦는 것이 훨씬 낫겠지요.

자기계발에 있어서 대충의 의미

저에게 있어서 '대충'은 '안 하는 것보다는 낫다'라는 의미입니다. 그런 측면에서 저는 새로운 것을 배우는 것도, 책을 읽는 것도 '대충' 하기로 했습니다. '시작하면 끝을 보라'는 말은, 끝을 보지 못할 거면 시작도 하지 말라는 의미겠지요. 저는 새로운 것을 배울 때 '안 하는 것보다는 낫겠다'라는 생각이 들면 해봅니다. 너무 멀리 있는 목표를 추구하기보다는 어제보다 한 걸음 더 나아지는 데 집중하는 것이죠.

요즘 취미로 미술도 배우고, 성악도 배우고 있습니다. 예전에는 '이제 와서 뭘 배우겠나'라는 생각에 시작할 엄두를 내지 못했습니다. 하지만 지금은 '꼭 전공자랑 같아질 필요는 없다'라는 마음으로 배우고 있습니다. 그러다 보니 훨씬 마음이 가벼워졌고, 진취적인 생각을 갖는 게 쉬워졌습니다.

일단 시작해야 보이는 것이 있다

안 하는 것보다는 낫다는 마음가짐으로 무엇이든 시작하고 나면, 새롭게 보이는 것이 있습니다. 집을 완벽하게 치워야 한다는 마음 대신 '세탁기만 돌리자'라고 시작하면, 깨끗이 비워진 빨래바구니를 보면서 약간의 성취감을 느낍니다. '거실까지 치워볼까?'라고 생각하기 쉬워집니다. 이미 이루어낸 작은 성취가 다음 스텝을 내딛게 만드는 것입니다. 한 걸음의 가치는 한 걸음 이상이라는 것을 알게 되었지요.

저는 이런 원리를 업무에도 적용했습니다. 모든 자료가 다 모이지 않았어도 일단 보고서를 쓰기 시작합니다. 꼭 필요한 데이터가 없어서 작성하지 못하는 부분에는 대신 네모 상자 하나를 그려 넣은 뒤, 'ㅇㅇ 책임님에게 데이터 요청할 예정'이라고 써놓습니다. 그렇게 얼개를 작성해놓으면 한 고비를 넘겼다는 안도감과 성취감, 다음 스텝이 명확해지는 효과를 볼 수 있습니다.

제가 좋아하는 성경 구절이 있습니다. 솔로몬이 썼다고 전해지는 전도서에는 이런 구절이 있습니다. "풍세를 살펴보는 자는 파종하지 못할 것이요, 구름만 바라보는 자는 거두지 못하리라 (전도서 11장 4절)." 날씨를 살펴보고, 환경을 살펴보고, 준비 상태를 살펴보면서 완벽한 조건이 갖추어지기를 기다리다가는 아무것도 하지 못한다는 뜻으로, 개인적으로는 큰 의미로 다가왔습니다.

'대충 하라'는 의미는 정신적으로 해이해지라는 뜻이 아닙니다. 완벽하게 하려 하지 않아도 일단 시작하는 것이 아예 시작도 하지 못하는 것보다 훨씬 낫다는 의미입니다. 일단 한 걸음을 떼고 나면, 그다음에 보이는 것들이 있다는 사실을 믿고 일단 대충이라도 시작해보기를 권합니다.

05

분노가
치밀어 오른다면

두 가지 종류의 후회

두 가지 종류의 후회가 있습니다. 하나는 '그때 그 말을 했어야 했는데!'이고, 또 하나는 '그때 그 말을 하지 말아야 했는데!'입니다. 둘 중 어떤 것이 덜 후회스러울까요? 사람들의 생각이 궁금해서 회사 익명 게시판에 질문을 올렸더니, 비등한 가운데 '그 말을 했어야 했는데!'가 그래도 좀 더 낫다는 의견이 약간 우세했습니다.

사회인이라면 한 번쯤은 이 두 가지 종류의 후회를 해본 적이 있을 것입니다. 주로 화가 나는 상황에 처했을 때 겪는 딜레마지요. 그 자리에서 화를 내자니 나중에 후회할 것 같고, 참고 넘어

가자니 나중에 후회할 것 같다는 생각이 듭니다.

분노라는 감정만 잘 이해하고 다룰 수 있어도, 사회생활의 스트레스와 고달픔이 절반 정도는 덜어지지 않을까 싶습니다. 삶의 희로애락 중에서 두 번째 요소가 차지하는 비중은 결코 적지 않습니다.

분노는 나쁜 것일까?

심리학적인 관점에서 보면, 분노는 외부에서 입력된 자극이 나에게 위협이 된다는 판단이 들 때 그에 대한 반응으로 나타나는 심리 상태라고 합니다. 또한, 내가 가지고 있는 규칙이나 기준이 침해당했을 때, 이에 저항하기 위해 나타나는 부정적 정서라고 정의하는 관점도 있습니다. 어떤 경우든 분노는 '침해'라는 자극에 대해 저항하는 마음 상태라고 볼 수 있습니다.

분노를 적절히 활용하면 나를 지킬 수 있는 수단이 되기도 합니다. '가만히 있으니 가마니로 안다'라는 말을 한 번쯤 들어봤을 것입니다. 어떤 자극을 가해도 화내지 않고 웃기만 하는 사람은 만만하게 보이기 쉽습니다. 반면 '선을 넘으면 화내는 사람'이라는 인식이 있으면, 그 사람을 대할 때는 선을 지키기 위해 노력하는 것이 인지상정입니다.

가끔 직장 내에서는 항상 부드럽고 좋은 관계를 유지해야 하고, 동료와 싸우는 것은 나쁜 것이라고 생각하는 분들을 볼 때가 있습니다. 개인적인 경험에 따르면 직장 내에서 '어떤 경우에도 싸우지 않는다'라는 결심으로 살아가는 분들은 자신의 의사와 상관없이 싸움을 강요당하게 됩니다. 무리한 요구를 받고, 무리한 지적을 받고, 선을 넘는 간섭을 받는 것이지요. 반면에 '경우에 따라서는 싸울 수도 있다'라는 마인드로 일하는 사람은 역설적이게도 싸움을 강요당하는 일이 거의 없습니다.

저는 착하기만 한 후배들에게 "착한 사람은 벌을 받고, 나쁜 사람은 상을 받는 곳이 회사야"라고 말할 때가 있습니다. 저 역시도 '착하기만' 한 사람이었지만, 회사라는 곳이 사람을 착하게만 놓아두는 곳은 아닌 것 같습니다.

분노 자체는 나쁜 것이 아닙니다. 경우에 따라 나를 지켜주는 방어막이 되기도 하고, 내 안에 잠재된 에너지를 끌어내는 원동력이 될 수도 있습니다. 다만 나중에 후회하지 않도록 분노해야 할 때를 판단하는 기술, 분노를 적절하게 관리하는 기술을 배워 두는 것이 필요합니다.

화내는 것도 준비가 필요하다

산업안전보건 분야에는 '하인리히의 법칙'이라는 것이 있습니다. 산업재해로 인해 한 명의 사망자가 나왔다면 그 이전에 이미 같은 이유로 29명의 경상자가, 그리고 사고를 당할 뻔한 사람이 300명이 존재한다는 법칙입니다. 이 법칙은 (정확한 숫자는 아니더라도) 대부분의 일상사에 적용됩니다. 분노도 마찬가지지요. 누군가 거칠게 화를 표현하는 '극대노'가 발생했다면 그 이전에 이미 언짢은 감정을 여러 차례 표현했을 것이고, 분노를 마음속으로 삭인 사례는 그보다 훨씬 많았을 것입니다.

모든 일이 그렇듯, 화내는 것도 준비가 필요합니다. 순간적인 감정을 어떻게 준비하느냐고 반문할 수도 있겠지만, 앞서 언급한 것처럼 '속으로 삼킨 분노'에 대해서 잘 이해하고 분석하는 과정이 꼭 필요합니다.

분노 패턴을 확인해보자

화낼 준비를 어떻게 해야 할까요? 나 혼자만 알고 있는 분노를 느꼈을 때 이 감정을 잘 분석해봐야 합니다. 앞서 소개한 분노의 두 가지 원인에 입각해서 분석해보면 편리합니다. 나는 무엇을 침해당했다고 느꼈는지, 내가 세운 어떤 규칙이 깨졌다고 느꼈는지를 차분하게 분석해봐야 합니다.

예를 들어 회의 시간에 힘들게 제안했는데, 누군가가 "그거 이미 다 해본 것 아닌가요?"라고 반론해서 화가 났다고 해봅시다. 내 전문성을 침해당해서 화가 난 것일 수 있고, 또는 열심히 일한 내 노력을 침해당했다고 느껴 화가 난 것일 수도 있습니다.

또는 '너희 부서에서 당연히 해야 하는 일을 안 해서 내가 한 건데, 이럴 수 있어?'라는 생각이 들 수도 있겠지요. 이 경우에는 '당연히 당신이 해야 하는 일이었다'라는 규칙이 침해당한 것으로 간주할 수 있을 것입니다.

분노의 반복 패턴을 이해하고 나면, 분노할 수 있는 상황을 예측하게 됩니다. 특정한 사람이 반대 의견을 낼 때마다 분노한다면, 미팅 자리에 그 사람이 들어와 앉아 있을 때부터 '짜증 좀 나겠는걸'이라고 예상해볼 수 있습니다. 제어할 수 없는 '분노'라는 경주마의 고삐를 미리 잡고 있는 것입니다.

분노의 패턴을 분석하는 연습을 지속적으로 하면 예상할 수 없는 상황에서 일격을 맞아도 그 상황을 빠르게 범주화할 수 있습니다. '이것은 규칙이 깨진 것이다' '자존심이 공격받은 것이다' '성과를 부정당한 것이다' 등과 같이 말이지요.

예측하거나 범주화한다는 것은 감정을 객관적으로 관찰한다는 의미입니다. 감정으로부터 심리적으로 멀어지는 것인데, 감정에 매몰되지 않고 심리적으로 분리되기만 해도 분노를 잘못 표출해서 발생할 수 있는 실수를 면할 수 있습니다.

분노 패턴을 확인해보는 과정에서 '정말 그런가?'라고 자문해볼 수 있습니다. 저는 한때 회의석상에서 공개적으로 반론을 받은 일로 자존심에 큰 상처를 입은 적이 있었습니다. 그 자리에는 제 멘티 사원도 함께 있었기 때문에 '선배로서 위신이 크게 상했다'라는 생각도 들었지요. 나중에 객관적으로 상황을 복기해보았습니다. '그 사람이 정말 내 자존심에 상처를 낼 목적으로 반론했을까? 이 일로 정말 선배로서 내 리더십에 타격을 입은 것일까?' 진지하게 생각해보는 과정에서 '그렇지는 않다'라는 결론을 내렸지요. 그 사람은 제 제안에 대해 '안 그래도 일이 많은데 또 일거리가 들어오겠네'라는 생각에 반론했을 뿐이고, 제 후배 사원들은 '그게 반론이었나요?'라고 말할 정도로 그 상황을 대수롭지 않게 여겼던 것이죠.

'정말 그런가?'라는 자문 훈련을 계속하다 보면, 분노에 대한 기준점이 올라가는 효과를 볼 수 있습니다. 생각보다 나를 넘어뜨리려고 일부러 약 올리는 사람은 흔하지 않다는 것을 알게 되지요.

어쩔 수 없이 분노를 표출해야 한다면

그럼에도 불구하고 분노를 표출해야 할 때가 있습니다. 충분히 분노의 기준점을 올리는 훈련을 했는데도 제어할 수 없는 분노를 느낀다면, 억누르기보다는 잘 표현하는 것이 중요하겠지요. 일방적으로 당하기도 싫고 큰소리를 내기도 어렵다면, 논쟁을 불러일으키는 기술을 사용하는 것도 방법입니다. 너무 자주

사용하기보다는 분노를 억제하기 어려울 때 제한적으로 사용해
볼 것을 권하고 싶습니다.

· **반문하기**

협업 팀 선배가 회의 시간에 길고 장황하게 저를 야단치다시
피 한 적이 있습니다. 우리 팀도 아닌 사람에게 혼나고 있는 모양
새가 연출되고 있다는 게 화가 났습니다. 그렇다고 들이받아버
리면 저만 이상한 사람이 되는 것일 테고요.

저는 "부장님, 죄송한데 잘 못 들었습니다. 다시 한번 말씀해
주시겠어요?"라고 하자 그 선배는 또 한 번 장황하게 말씀하더군
요. 저는 또 "아, 어떤 취지로 말씀하시는 건지 잘 이해하지 못했
어요"라고 반문했습니다. 그러자 살짝 화가 났는지 목소리를 높
이면서 "아니, ○○ 책임, 왜 이해를 못 해"라면서 말씀을 시작했
는데, 회의 주관자가 "그만하시죠. 자, 다음 자료 보겠습니다"라
면서 끊어버렸습니다. 지금도 그 주관자분께 고마운 마음이 드
네요.

· **확대 해석하기**

상대방의 주장을 듣다가 너무도 화가 날 때는 논의의 핵심을
확대 해석해서 일반화하는 것도 기술입니다. 상대방이 "그거 이
미 해본 것 아닌가요?"라고 말했다면, "모든 제안에 대해서 이미

해보았다는 이유만으로 반대한다면 논의의 의미가 없겠지요"라
고 이야기할 수 있습니다.

• 상대방을 화나게 만들기

"화내면 지는 거야"라고들 말합니다. 웃으며 대화를 이끌어가
면 좋겠지만, '그래도 분노가 끓는다면'이라는 전제이니, 상대가
먼저 화를 내게 만듦으로써 내 분노에 대한 주목도를 떨어뜨리
는 방법입니다. "저 사람 열 받아서 흥분하더라"는 소리를 듣기
보다는 "저 두 사람 둘 다 화나서 싸우더라"가 차라리 낫지 않을
까요?

다시 강조하지만, 이런 방법은 일종의 조롱이나 깐죽거림으로
여겨질 수 있기 때문에 제한적으로 사용해야 합니다. 건전한 토
론의 기술이라기보다는 순전히 '논쟁에서 지지 않기 위한 수단'
이라는 것을 기억해야 합니다. 절대 보스에게 사용하면 안 되고
요. 나 혼자 열 받아서 언성을 높이거나 울어버리는 등의 일을 막
기 위한 최후의 수단이라고 생각하면 좋을 것 같습니다.

06

멘탈을 잡아주는
감정 일기 쓰기

멘탈 관리를 위한 가장 중요한 습관 중 하나는 아침마다 감정 일기를 써보는 것입니다. 어제 어떤 일이 있었는지, 그때 어떤 감정을 느꼈는지, 왜 그런 감정을 느꼈는지에 대해 구체적으로 적어보는 것이지요. 저는 매일 아침 일기를 쓰면서 감정에 대해 들여다보는 작업을 반복했습니다. 이 장에서는 매일 아침 감정 일기를 쓰면 얻을 수 있는 유익이 무엇인지 나누어보려고 합니다.

감정에 대한 메타인지를 높일 수 있다

아침에는 전날 느꼈던 폭풍 같은 감정의 농도가 희석된 상태인 경우가 많습니다. 매슈 워커의 책《우리는 왜 잠을 자야 할까》

에 따르면, 뇌는 잠을 자는 과정에서 기억을 정리하고, 강도 높은 감정을 완화하면서 고통이나 흥분을 감소시키는 작업을 진행한다고 합니다.

감정의 재조정 작업을 거치고 난 뒤의 새벽, 두뇌는 상대적으로 감정을 객관적으로 관찰하기 쉬운 상태가 됩니다. 감정의 실체를 객관적으로 볼 수 있는 마음을 가질 수 있지요. 전날 느꼈던 감정에 대해서 솔직하게 적다 보면, 감정의 여러 면이 보이게 마련입니다.

예를 들어, 어떤 미팅 자리에서 분노를 느꼈다면 그것이 정말 분노를 느낄 일이었는지, 그게 정말 분노가 맞는지, 다른 언어로 표현할 수 있겠는지, 왜 그런 분노를 느꼈는지 등에 대해 차분하게 생각을 적다 보면, 당시에는 감정에 매몰되어 인지하지 못했던 실체를 수면 위로 올릴 수 있게 됩니다. 화를 내지 않고 달리 대응할 방법이 있었는지, 다음에 이런 일이 있다면 어떻게 좀 더 지혜롭게 대처할 수 있겠는지 등에 대해서도 생각해볼 기회를 가지게 되지요.

감정의 해상도를 높일 수 있다

세계적으로 유명한 신경과학자인 리사 펠트먼 배럿 교수의 책 《감정은 어떻게 만들어지는가》를 보면, 우리 뇌에서 감정이 어떤 메커니즘으로 만들어지는지에 대해 어느 정도 이해할 수 있습니다. 이 책에 따르면, 감정이란 본능적으로 존재하는 것이 아니라고 합니다. 외부 상황에 맞추어 신체 자원을 조정하는 과정에서 우리는 '좋다/나쁘다' 정도의 대략적인 느낌만을 인지하게 되는데, 이 대략적인 느낌이 '사회적인 맥락'과 결합하여 감정으로 표출되는 것이라고 합니다.

사회적인 맥락에는 감정의 주체가 속해 있는 사회의 문화, 규칙, 개인의 경험 등이 포함되는데, 그중에 특히 '단어'가 매우 중요한 맥락으로 작용한다고 합니다. 예를 들어, 감정을 나타내는 단어가 풍부할수록 개별적인 감정을 더욱 잘 구분해낼 수 있다는 것이지요.

올해 일곱 살인 둘째 딸은 '화났다'와 '속상하다'를 뒤섞어 쓰곤 했습니다. 두 단어를 쓰는 상황에 대해 배우고 난 뒤에는 둘을 제법 잘 구분하더군요. 감정을 면밀하게 들여다보는 과정에서 감정을 구별하는 능력이 함양되는 것이고, 이는 많은 신경과학자의 연구를 통해서 뒷받침하고 있습니다. 이렇게 감정을 구별하는 능력을 일컬어 배럿 교수는 '감정의 해상도'라고 칭합니다. 감정의 해상도가 높아짐에 따라, 감정의 미묘한 차이를 인지해서 서로 다른 이름을 붙여줄 수 있게 되는 것이지요.

감정 일기를 쓰면, 감정을 객관적으로 분석하는 과정에서 감정 해상도를 높일 수 있습니다. 기분이 안 좋다고 해서 '분노'라고 정의하고 끝내버리면, 기분이 안 좋을 때마다 분노라는 감정을 겪게 됩니다. 하지만 잘 생각해보면, '분노'라고 패키징해버린 그 감정도 여러 맥락이 존재합니다. 귀찮음, 짜증, 경쟁심, 질투심, 슬픔, 약오름 등 다양한 단어로 세분화할 수 있겠지요.

감정 일기를 쓰며, 감정의 해상도를 높이는 연습을 합시다. 정확하게 진단해야 정확한 해결책이 나오겠지요.

특정 감정을 느끼는 상황의 패턴을 인지하고, 미리 대응할 수 있게 된다

기록의 가치는 '다시 보고 활용할 때' 발휘됩니다. 감정 일기를 꾸준히 쓰고 나서 되돌아보면, 내가 어떤 상황에서 어떤 감정을 느끼는지에 대한 패턴을 발견할 수 있습니다. 공통된 감정을 느낀 상황의 공통점을 찾아보면, 향후 동일한 상황이 벌어졌을 때 감정을 제어하기 쉽겠지요.

저는 감정 일기를 통해서 협업 팀과의 미팅 시간에 특정 인물이 발언할 때마다 마음속에 '답답함'을 느껴서 분노한다는 패턴을 발견했습니다. 제가 말하지 않아도 될 때 자꾸 끼어들어서 화를 냈다는 기록이 있었거든요. 다음 미팅부터는 그분 발언 때 제마이크를 꺼서 그 패턴을 극복한 적이 있었습니다.

자기 분석 과정이 없으면, 똑같은 상황에서 똑같이 반응하게 됩니다. 그것이 그 사람의 캐릭터를 형성하게 되지요. 감정 일기를 적음으로써 짧게라도 자기분석 시간을 겪으면, 그 과정에서 좀 더 지혜로운 사람이 될 기회를 찾을 수 있습니다.

감정을 다시 경험하고 풀어냄으로써, 고통에서 해방되는 효과를 얻을 수 있다

개인적으로는 감정 일기를 쓰는 과정에서 치유 효과도 누릴 수 있었습니다. 고통스러웠던 감정을 반추하면서 다시 그 상황에 몰입되어 감정이 밀려드는 것을 느낄 수 있었는데, 문득 '지금은 그 상황이 아니고, 그 사람은 지금 여기에 없다'라는 생각이 들더군요. 그렇게 그 감정에서 빠져나와 마음에 어느 정도 안정을 얻을 수 있었습니다. 이후로는 같은 상황에서 심각한 고통을 느끼는 일은 많이 줄어들었습니다.

엘리자베스 스탠리 박사의 《최악을 극복하는 힘》에 따르면, 이와 같은 경험이 지극히 개인적인 것만은 아닌 듯합니다. 그는 임상을 통해 내담자가 스트레스를 받았던 경험을 반추하게 한 뒤, 스트레스 반응이 나타날 때 즉시 주의를 다른 곳으로 돌리게 함으로써 스트레스 반응을 해소하는 치료를 진행했다고 합니다. 스트레스 상황에 노출되어 그의 '생존 뇌'가 위기를 감지했지만, 즉각적으로 지금이 실제 위기 상황이 아니라는 것을 인지시킴으로써 불필요한 트라우마를 갖지 않도록 조치한 것이지요. 이런 과정을 반복함으로써 그는 내담자의 트라우마를 소거하는 데 성공했다고 합니다.

감정 일기를 통해서 스트레스 상황을 반추해보되, 지금 이 시간은 아무도 나를 괴롭힐 수 없는 안전한 시간이라는 것을 인지하는 것은 좋은 치료의 수단이라고 할 수 있습니다.

6부

새벽 자본을 바탕으로 성장하는 방법

01

부속품이 아니라
기업가입니다

회사원은 부속품이 아니라 기업가입니다

회사원을 부속품이라고 합니다. 부품이라는 말은 언제든지 교체될 수 있다는 의미입니다. 혼자서는 가치를 창출할 수 없다는 의미이기도 하고요. 혼자서 발휘할 수 있는 영향력에 한계가 있다는 의미일 것입니다. 부속품이라는 말은 거대한 기계를 이루고 있는 하나의 부품처럼 독립된 업무로서 가치를 창출하지 못하는 상황을 자조적으로 표현한 것이 아닐까 싶습니다. 어떤 의미에서는 종속된 존재로서의 직장인의 무력감을 표현한 것이겠지요.

하지만 관점을 약간만 달리 해보면 회사원으로서도 충분히 영향력을 발휘하고 자존감 있게 일할 수 있다는 것을 알 수 있습니다. 일개 부속품이 아닌, 기업가와 같은 마인드를 가지고 즐겁게 일할 수 있는 방법이 있습니다. 예를 들어, 자기 일을 엑셀 정리하는 것에만 국한한다면 부속품처럼 일하는 것일 수 있습니다. 하지만 그가 정리한 엑셀이 누구를 위해 쓰이는지를 생각하면서 일한다면, 그는 이미 기업가의 마인드를 가지고 일하는 것입니다.

부속품과 기업가를 나누는 기준

부속품과 기업가의 차이는 무엇일까요? 그것은 '무슨 일을 하느냐'에 달린 것이 아니라, '어떤 생각을 가지고 일하느냐'에 달린 것입니다. 엑셀 정리라는 '행위' 자체에만 집중하고 일한다면 부품이지만, 내가 만든 엑셀 파일을 누가 사용할 것인지, 그는 왜 내 엑셀 파일을 필요로 하는지를 생각한다면 그것은 새로운 고객 가치를 창출하는 일입니다.

저와 함께 일한 신입사원 동료의 이야기를 해드리겠습니다. 많은 신입사원이 그렇듯, 그 역시 처음 입사해서는 다분히 기계적인 업무를 처리했습니다. 생각하기에 따라서 '부속품'과 같은 업무라고 할 만한 일이었지요. 그의 주 업무 중 하나는 새롭게 제

조된 제품이 품질기준을 만족했는지 여부를 체크하는 것이었습니다. 제품의 길이, 너비, 높이를 재고, 기준 범위 내에 있는지를 확인해서 합격, 불합격 판정을 내리는 것이었지요.

업무를 처음 배우기 시작했을 때는 그도 여느 사원들처럼 측정하는 행위 자체에 집중했습니다. 측정에 익숙해진 다음부터는 측정 업무를 하는 중에 발견된 특이사항을 정리하기 시작했습니다. 그 과정에서 그는 제품 불량에 있어 반복되는 패턴을 발견하게 되었습니다. 예를 들어 길이가 짧아서 불합격된 제품들은 하나같이 특정 공정에서 변화 실험을 준 이력이 있다는 것이었지요. 그는 그러한 관찰 결과를 바탕으로 불량 원인을 찾아서 개선하는 성과까지 이루었습니다.

그는 '제품 측정'에 매우 익숙해져 있었기 때문에, 눈으로만 보아도 제품이 불량인지 아닌지를 알 수 있을 정도였습니다. 다른 사람들이 제품을 측정하고 나서 "이거 길이가 좀 짧은데요?"라고 말할 때마다 사람들은 "C 선임이 잰 거예요?"라고 물어보곤 했습니다. 'C 선임이 그렇다면 그런 거야'라는 말을 들으면서, 제품 측정에 관한 한 전문가로 인정받게 되었죠.

그는 자기의 업무를 '측정'에만 국한하지 않았습니다. 제품의 길이를 재는 그 행위 자체로부터 제품의 길이를 재면 누구에게 도움이 될지 생각해본 것이지요. 그 사람이 원하는 정보가 무엇일지를 고민하는 과정을 통해서 측정의 본질적인 목적(제품의 불량 원인 파악 및 개선)에 부합하는 가치를 창출해낸 사례입니다.

엑셀 정리하는 업무 자체는 기계적인 작업일지 모릅니다. 하지만 엑셀 파일을 정리하는 과정에서 '이 업무 관행이 맞을까? 이 엑셀 양식은 불편한데. 꼭 사람이 하나하나 정리해야 하는 것일까?'와 같은 다양한 생각을 해볼 수 있겠지요. 그에 따라 새로운 양식을 제안하거나, 자동화 프로그램을 만들어본다면, 그것은 일종의 혁신이라고 볼 수 있을 것입니다.

흔히 '혁신'이라고 하면, 기업 전체에 영향을 미치는 중대한 변화라고만 생각하기 쉽습니다. 하지만 팀 내에서 아주 작은 변화라도 만들어낼 수 있다면, 그 역시도 혁신인 것은 분명합니다. 내가 제안한 개선안이 눈에 띄지 않을 수 있지만, 그런 작은 개선 제안이 쌓이면서 혁신가로서의 역량이 축적됩니다.

행동과 결과를 지배하는 자기 정체성

자기 정체성은 행동과 결과를 지배합니다. 스스로를 부품이라고 생각하면, 업무에 재미를 느낄 수가 없습니다. 불합리한 관행을 바꾸려는 시도도 하지 않고, 업무 결과물의 질을 개선하려는 시도도 하기 어렵습니다. 시키니까 일하고, 월급날만 기다리는 사람이 될 수도 있습니다. 어느새 회사생활에 만족감이 없어지고, 불평불만이 늘어가게 되지요. 무엇보다도 행복하지 않게 됩니다. 회사에 도움이 되고 안 되고를 떠나서, 일단 나 자신이 행복하기 위해 일하는 것이 아닐까요?

스스로를 부속품이 아니라 기업가라고 생각한다면, 내가 만든 엑셀이나 파워포인트 보고서는 '나'라는 기업에서 개발한 상품이라고 표현할 수 있습니다. 다른 사람과 협업 미팅을 하고, 또는 회의에서 발표하는 과정은 일종의 마케팅입니다. 다른 사람들에게서 받는 비판이나 수정 지시사항은 고객 피드백의 과정이라고 볼 수 있습니다. 나를 도와주는 동료들과 나에게 피드백을 주는 상사들은 나를 도와주는 참모들이라고 생각할 수 있습니다.

회사원은 스스로를 '지식을 생산하는 기업가'라는 생각을 가지고 일해야 합니다. 크든 작든, 우리 모두는 '지식'이라는 상품을 만들어내기 위해 일하는 것이니까요. 흔하디흔한 엑셀 파일을 '내 상품'이라고 생각하고 좀 더 애정을 가져본다면 개선할 만한 포인트가 발견될 수 있습니다. 질 좋은 상품을 좀 더 빠르고 효율적으로 만들어보자는 생각으로 업무에 임하는 것, 그것이 곧 기업가 정신이 아닐까요? 그런 자세로 업무에 임하면, 자기만의 색깔과 전문성이 생깁니다. 그 과정에서 브랜드가 생기고(예를 들어 C 선임은 측정에 관한 한 전문가), 작업 결과물에 대한 사람들의 신뢰가 생기게 됩니다. 그러면 그는 업무에 있어 더 이상 하나 하나 통제받지 않는 자율성과 재량권을 갖춘 사람이 되는 것이 지요.

02

겸손이
독이 되는 이유

자신감 있게 행동해야 자신감이 생긴다

서구에 비해 우리나라는 어려서부터 겸손이 미덕이라고 가르
칩니다. 하지만 의외로 직장생활을 할 때에는 지나치게 겸손한
태도가 독이 될 때가 많습니다. 지나치게 겸양의 자세를 가진 사
람보다는, 당당하고 자신감 있는 사람들이 더 인정받죠. 왜 그럴
까요?

겸손이 독이 되는 이유는 자기를 지나치게 낮추는 행동이 자
신감을 낮추기 때문입니다. 사회적으로 큰 성취를 이룬, 소위 '성
공한 사람'들일수록 자기 실력을 의심하는 경향이 있습니다. 주
위에 뛰어난 사람들이 많고 진짜 천재 같은데, 그에 비해 실력은

보잘것없어 보이게 마련이지요. 그래서 자신감을 갖는 건 쉽지 않습니다. 그렇게 지나치게 겸손한 태도를 취하다 보면, 그러한 태도가 자신의 정체성이 되기 쉽습니다.

자신감은 저절로 생기지 않습니다. 오직 자신감을 갖기로 결정한 사람만이 자신감을 가질 수 있습니다.

자신 있게 행동해야 피드백 받을 기회가 많아진다

불필요하게 겸손한 사람들이 가진 공통된 염려가 있습니다. '자신 있게 발표했다가, 지적을 받으면 어떡하지?' 의식적으로든 무의식적으로든 말이지요. 하지만 자신 있는 척했다가 틀린 내용으로 지적을 받는다면, 고치고 성장할 절호의 기회라고 생각해야 합니다. "아, 그렇군요. 제가 잘 몰랐습니다. 수정하도록 하겠습니다" 하고 넘어가면 될 일이지요. 그래야 피드백을 받고 성장할 기회를 얻게 되는 겁니다.

저도 모난 돌이 정 맞는다는 말에 동의합니다. 하지만 정을 맞아야 갈고 닦일 기회가 있는 법입니다. 겸손한 척한다고 정을 안 맞는지는 모르겠지만, 어쨌든 지나치게 자기 자신을 낮추고 어필하지 않으면 피드백을 통해 갈고 닦아질 기회도 없다는 것을 기억하면 좋겠습니다.

자신 있게 행동해야 인정받는다

불필요하게 자신감을 감추고 겸손하게만 행동하면 모든 사람이 당신의 업무에 참견할 것입니다. 당신의 선배, 동료, 협업 부서의 동료, 후배 모두 당신의 업무에 감 놔라, 배 놔라 훈수를 둘 것입니다. 만약 자신감 있게 행동한다면, 스스로 전문가라는 브랜드를 구축하는 것입니다. 당신은 다른 사람에게 신뢰를 받을 것이고, '알아서 어련히 잘했겠지'라는 평가를 받을 것입니다. 그리고 당신의 업무 자유도는 더 높아지고 그만큼 더 많은 업무 영역을 맡을 수 있게 됩니다.

회사원이든 사업가든, 지식과 상품을 생산하고 파는 업무라는 점에서 본질적으로 같다고 생각합니다. 만약 어떤 상품이나 서비스를 소개받을 때 "내세울 것은 없지만 한번 소개해보겠습니다"라는 말을 듣는 것과 "이 상품을 대체할 수 있는 제품은 결코 없습니다"라고 소개하는 것 중에서 어느 쪽에 더 끌릴지를 생각해보면, 답은 자명합니다.

회사생활도 자기 업무 경험과 지식을 바탕으로 새로운 지식과 제안을 생산하는 게임입니다. 어쨌든 다른 사람에게 팔려야(즉 누군가가 그 제안을 받아들이고 활용해야) 의미 있는 가치가 생산되는 것이지요. 그런 점에서 회사원은 1인 기업가와 같다고 생각합니다. 전문성 있는 브랜드를 구축하기 위해서는 자신감을 가져야 할 뿐 아니라 자신감이 있는 것처럼 반드시 보여야 합니다.

자신 있게 행동하면 업무 범주도 넓어진다

자신감 있는 행동은 어느 특정 업무의 결과물이 아닙니다. 그것은 그 사람이 가지고 있는 브랜드입니다. 자신 있는 행동으로 인정받고, 더 넓은 범주의 업무를 맡게 되었다면, 그만큼 당신의 가치도 높아지게 됩니다. 점차 대체 불가능한 사람이 되어가는 것이지요. 업무의 범주가 높아진다면, 영향력과 권력을 확대하는 효과가 있습니다.

신입사원이라도 이런 일이 가능합니다. 직급이나 연차나 나이와 상관없이, 아무리 작은 일이라도 정확하게 해내고 자신감 있게 어필한다면 업무의 영향력이 주위로 퍼져나가게 됩니다. 후배 한 명은 낮은 연차임에도 자신감 있는 업무 태도로 역량을 인정받았고, 바로 위의 과장급 중간 리더가 자리를 비웠을 때 스스로 의사결정을 해도 좋다는 인정까지 받고 있습니다.

자신감이 있어야 행복해진다

자신 없는 일을 지속하는 것은 고역입니다. 매번 잘 해내지 못할지도 모른다는 불안과 압박 속에서 살면 그만큼 스트레스와 부담도 가중됩니다. 건강에도 나쁜 영향을 미칠 수밖에 없겠지요. 장기적으로 행복감을 떨어뜨리게 됩니다.

업무에 대해서 자신감을 가져야 행복한 회사생활과 삶이 가능합니다. 자신감은 업무적 성취의 결과로 오기도 하지만, 스스로의 마음가짐으로부터 비롯된 영향도 적지 않습니다. 객관적인 업무의 성취를 어떻게 평가하는지 역시 자신의 몫입니다. 큰 성과를 거두고도 성공으로 평가하지 못하는 사람이 있는가 하면, 아무도 주목하지 않는 작은 성과에도 뿌듯함과 자기 효능감을 누리는 사람들이 있습니다. 작은 성취와 성공을 결코 작게 보지 말고, 그로부터 스스로에 대한 신뢰를 얻어야 합니다. 자기 자신에 대한 작은 신뢰를 축적해서 자신감으로 발전해나가기를 권합니다.

겸손은 여전히 중요한 미덕입니다. 하지만 정글 같은 회사에서 능력을 인정받기 위해서는 자기 어필도 필요합니다. 조금 나대기도 하고, 핀잔도 듣고, 정도 맞으면서 다듬어지는 것이니, 너무 몸을 사릴 필요는 없습니다. 자신감을 가져봅시다.

03

지식의 종잣돈을
부지런히 모으자

새벽 시간에 무엇을 하면 좋을지를 여러 가지로 설명했지만, 한마디로 요약하면 결국 '지식을 부지런히 모으자'로 귀결됩니다. 과거도 그랬고, 오늘날도 그렇고, 앞으로도 변하지 않는 것 한 가지는 '지식은 곧 자본'이라는 사실이기 때문입니다.

지식과 자본은 여러 가지로 닮았다

지식이든 자본이든, 적을 때는 하찮아 보입니다. 푼돈 아껴서 100만 원, 200만 원 모은다고 해서 집을 살 수 있는 것도, 땅을 살 수 있는 것도 아니지요. 지식 역시, 책 두어 페이지 읽은 것으로는 어디 가서 아는 척하기도 힘듭니다. 그 분야에서 수십 년을 일한 '전문가'들이 있는데, 언제 그 정도까지 가나 하는 생각이 들기도 합니다. 돈이 증식하는 원리에 대해 처음에는 알 수가 없듯이, 지식 역시 처음 단계에서는 증식하는 원리를 가늠하기 어렵습니다.

지식과 자본은 스스로 증식하는 경향이 있습니다. 돈이 돈을 번다고 하지요. 어느 정도의 자본이 모이게 되면 적절한 투자 수단을 발견하게 됩니다. 주식으로 시세 차익이나 배당 수익을 누릴 수도 있고, 부동산을 통해서 임대 수익을 얻을 수도 있습니다. 종잣돈을 모아서 사업을 시작할 수도 있겠지요. 지식도 마찬가지입니다. 한 분야에 대해서 어느 정도의 기초적인 뼈대를 세우고 나면, 그 분야에 대한 자기만의 궁금증을 풀어내는 과정에서 스스로 증식되는 경향이 있습니다. 호기심이 탐구를 부르고, 탐구가 지식을 만들어내고, 그렇게 만든 지식이 또 다른 궁금증을 유발하는 것이지요.

지식이든 자본이든, 어느 정도의 규모가 되면 그 자체가 권력이 됩니다. 물질적인 부가 쌓이게 되면 자연스럽게 비즈니스가 형성되고, 비즈니스를 통해 다른 사람들에게 영향력을 행사할 수 있습니다. 내부 직원들을 고용할 수도 있고, 외부와의 거래 과정에서도 물질적인 부의 규모가 거래의 판을 기울게 하기도 하지요. 지식도 비슷한 속성이 있습니다. 자기만의 독자적인 지식이 축적되면 그것이 브랜드가 되어 사람을 끌어당기는 힘을 가지게 됩니다. 학문에서도 '권위자'라는 표현을 사용하듯, 우리 모두는 각자가 잘 아는 분야에서 '권위자'가 될 수 있습니다.

일정 규모 이상이 되면, 지식과 자본은 그 형태를 바꿀 수가 있습니다. 지식이 부를 만들어내고, 부가 지식을 만들어내는 것이지요. 일찍이 성공적인 투자자로서 부와 명예를 얻은 분들의 인터뷰에서 말하는 공통점은 독서를 통한 지식 쌓기를 게을리하지 말라는 것입니다. 탄탄한 지식이 있어야 통찰력을 얻을 수 있고, 그렇게 얻은 통찰력에 의해 올바른 투자 의사결정을 할 수 있는 것이지요.

자본이 지식의 형태로 전환되기도 합니다. 탄탄한 경제적 기반이 있다면 새로운 것을 배우고 탐구할 만한 여유가 많이 확보됩니다. 경제적인 기반이 시간적 여유를 만들어내고, 시간적 여유를 지식 축적에 투자할 수 있는 것이지요.

지식은 자본보다도 더 우월한 가치이다

가능하지 않은 상황일 수도 있겠지만, 지식과 자본 중에 하나만 선택하라면 당연히 지식을 선택할 것 같습니다. 지식은 다음 몇 가지 측면에서 물질적인 자본과 차별화되는 점이 있기 때문입니다.

· **지식을 추구하는 것은 결코 실패하지 않는 투자이다**

물질 자본의 투자 활동은 상황에 따라서 잃을 가능성이 상존합니다. 높은 수익이 기대되는 투자일수록, 그에 수반되는 위험도 높아지는 것이 일반적인 이치입니다. 하지만 책이나 강의로 얻게 된 지식은 한번 내 머릿속에 들어오면 누가 결코 빼앗아갈 수 없습니다. 손실 위험성에 없어서 지식은 잃을 염려가 없는 안전한 투자입니다.

· **지식은 얻고자 하면 언제든지 얻을 수 있다**

투자를 통해 돈을 벌려고 한다면 나는 최소한의 돈을 준비해야 합니다. 원금이 확보되지 않은 상태에서는 투자라는 게임을 시작할 수도 없지요. 반면, 지식은 누구나 시간만 투자한다면 반드시 얻을 수 있습니다. 책을 읽거나, 강의를 듣거나, 세미나에 참석하거나, 유튜브 영상을 활용하는 방식으로 가진 지식이 하나 없어도 새롭게 얻으려 한다면 얻을 수 있습니다.

· **지식은 물질적 자본으로 전환되기 쉽다**

돈 많은 사람도 새로운 것을 배우고자 한다면 오랜 시간을 투자하고 두뇌 기술을 훈련해야 합니다. 공부에는 왕도가 없으니 말이지요. 그에 비해 지식을 오랫동안 쌓아온 전문가는 자기의 지식을 활용해서 돈을 벌 수 있습니다. 회사에 취업할 수도 있고,

나만의 독창적인 기술로 사업을 할 수도 있고, 블로그에 글을 써서 자기를 PR할 수도 있습니다.

- **지식은 행복의 원천이 된다**

흔히들 '돈 모으는 재미를 알면 자꾸 모으게 된다'라고 하지요. 지식을 모을 때의 행복은 돈을 모을 때의 그것과 비교할 수 없을 정도로 큽니다. 아이들은 끊임없이 질문을 합니다. 앎에 대한 욕구는 본능에 가까운 것입니다. 우리는 누구나 알고 싶어 합니다. 그것으로 돈을 벌거나 큰 사업을 하지 않더라도, 이미 '새로운 것을 알게 되었다'는 것만으로도 보상이 될 정도로, 앎에 대한 충족감은 큰 것입니다.

새로운 분야에서 기회를 잡으려면

생태학자 최재천 교수는 한 가지 일만 하고 사는 시대는 끝났다고 강조합니다. 삶은 길어졌고 직업은 짧아졌기 때문이죠. 누구나 언젠가는 새로운 분야에 뛰어들어 일할 가능성이 있고, 실제 대부분의 사람이 그와 같이 일한다는 것입니다.

최 교수는 새로운 분야에서 다가오는 기회를 잡기 위해서 꼭 전문가적인 식견이 있어야만 하는 것은 아니라고 강조합니다. 입사 면접을 볼 때 다른 경쟁자보다 월등히 뛰어나서 합격한 것이 아니듯, 새로운 분야 역시 남들보다 조금 더 아는 척할 수 있는 지식이 기회를 만들어낸다는 것이지요. 다만 책 한 권이라도 더 읽었느냐 아니냐가 삶을 바꾸는 기회를 잡게 할 수도, 지나쳐버리게 할 수도 있다는 취지에 깊이 공감했습니다.

지식은 세상을 이해하는 도구를 제공한다

지식은 세상을 이해하는 도구입니다. 공부를 통해서 우리는 그 분야에 대한 이해뿐 아니라, 더 넓은 세상을 이해하는 도구도 갖출 수 있습니다. 저는 전자공학과 출신이므로 공학적 관점에서 세상 사물을 바라보고 이해할 때 쉽게 이해되는 경우가 있습니다. 예를 들어, 인간관계나 직장 내에서의 권력 구도 등을 관찰해보면 전자회로와 유사하게 모델링할 수 있겠다는 생각이 들 때가 있습니다. 전공 지식이 세상을 바라보는 관점에 적용된 하나의 예라고 볼 수 있겠지요.

저는 기독교 교리에 관심이 많아서, 전문가 수준까지는 아니더라도 그쪽 분야의 책을 많이 읽었습니다. 그 결과 교회에서 목사님께서 말씀하시는 설교 내용을 좀 더 깊이 있게 이해할 수 있었고, 삶에서 만나는 사소한 문제들을 '신앙'의 프레임 안에서 지혜롭게 헤쳐나갈 수 있었습니다. 최근에는 신경과학과 심리학 분야에 관심이 생겨서 관련된 서적을 읽고 있는데, 새롭게 알게 된 지식을 세상사와 연관지어 볼 때마다 이해의 깊이가 달라지는 것을 느끼게 됩니다.

지식이 쌓일수록 세상을 바라보는 다양한 관점과 도구를 얻을 수 있습니다. 사진기만 가지고 있으면 순간의 장면만 남길 수 있고, 녹음기만 가지고 있으면 어느 시간의 소리만 들을 수 있습니다. 그런데 비디오카메라를 여러 대 가지고 있으면, 세상을 더 다양한 각도에서 담아내고 이해할 수 있는 것과 같습니다.

경쟁자를
활용하는 방법

몸과 마음을 힘들게 하는 경쟁

회사에서 경쟁은 불가피합니다. 입사 동기나 같은 연차의 동료들이 여럿 있는 경우, 자연스럽게 경쟁 구도가 형성됩니다. 동기들이 없는 경우에도 우수 평가 대상은 제한되어 있기 때문에 경쟁은 어쩔 수 없이 발생합니다. 시시때때로 내 가치를 입증하지 않으면 상대적으로 평가절하되기 때문이지요.

지나친 경쟁은 마음을 피폐하게 만듭니다. 심리적으로 늘 긴장하게 되지요. 반차 한번 쓰려고 해도 경쟁자를 의식하게 되고, 나에 대한 상사와 동료의 평가를 의식하게 됩니다. 심할 때는 상사의 코멘트 하나가 나에 대한 평가 같기도 하고, 다른 동료가 칭찬을 받으면 내 마음이 쓰린 경험도 하게 됩니다. 그런 긴장이 지나치면, 육체적으로도 매우 힘들어집니다. 쉴 수가 없으니 말이지요. 남들보다 더 일을 잘해야 할 뿐 아니라, 적어도 더 열심히 일하는 것처럼 보이는 것도 무시할 수 없는 요소입니다.

경쟁은 불가피할 뿐 아니라 도움이 된다

하지만 경쟁은 분명 도움이 됩니다. 긴장감을 가지고 일할 수 있다는 면에서 자기 발전에 도움이 됩니다. 경쟁자가 무엇을 얼마나 열심히 하는지를 보면서 스스로를 점검해볼 수도 있습니다. 혼자 달리는 것보다는 페이스메이커를 두고 달리는 것이 기록에 유리하듯, 경쟁자 없이 일하는 것보다는 함께 달릴 수 있는 경쟁자가 있는 것이 나태해지지 않고 지속적으로 발전할 수 있는 환경이 아닐까 합니다.

조직 차원에서도 경쟁이 있어야 전체 퍼포먼스가 높아지는 효과가 있습니다. 담당 임원과 면담을 할 때였습니다. 애로사항을 물어보기에 '경쟁이 너무 치열해서 심적으로 힘들다'라는 말했는데, 그에 대한 조언보다는 경쟁이 치열하다는 사실 자체에 매우 만족스러워하는 표정이었습니다. 리더 입장에서는 경쟁이 치열한 것을 좋아하지 않을 이유가 없겠지요.

경쟁을 나에게 유리하게 활용하는 방법

경쟁이 불가피한 것이라면, 경쟁을 전략적으로 나에게 유리하게 활용하는 방법을 알아두는 것이 좋을 것입니다. 경쟁의 부정적인 요소를 최대한 줄이고 긍정적인 요소를 극대화할 수만 있다면, 회사생활의 스트레스가 상당 부분 덜어지지 않을까요? 경쟁으로 인한 심적 부담감을 줄이고, 건강한 경쟁을 통해 자기 발전을 도모하는 방법을 소개하려고 합니다.

• **경쟁자를 나의 페이스메이커라고 생각하기**

페이스메이커는 마라톤 주자가 체력을 관리하고 안배할 수 있도록 도와주는 역할을 합니다. 페이스메이커는 마라톤 주자를 이기기 위해 존재하는 것이 아니라, 도와주기 위해 존재하는 것입니다.

회사생활도 동일한 관점에서 받아들이는 것이 좋습니다. 회사생활은 눈앞의 경쟁자를 이기느냐 지느냐의 단거리 경주가 아니라, 먼 시야의 인생 목표와 비전을 성취해가는 장거리 마라톤입니다. 내 앞에 있는 경쟁자는 지금 이 순간 지치지 않고 잘 뛸 수 있도록 도와주는 페이스메이커입니다.

경쟁자로 인해 스트레스받기보다는 저 동료로 인해서 결국 내가 발전한다는 생각을 가지려고 의식적으로 노력하는 과정이 필요합니다. 경쟁자가 없었다면, 내가 무엇이 부족하며 어느 부분을 더 발전시켜야 하는지를 몰랐겠지요. 나의 부족한 부분을 발전시키기 위해서 동료가 존재하는 것이지, 나를 짓밟고 이기기 위해서 존재하는 것이 아니라는 사실을 인정하고 받아들이는 것이 필요합니다.

때로는 경쟁 상대에게 '질' 수도 있습니다. 불의의 일격을 맞을 수도 있고요. 내가 놓친 것들을 그가 발견해서 내 신뢰 계좌에 마이너스가 될 수도 있습니다. 그렇다고 해서 경쟁에서 진 것이 아니라는 사실을 꼭 기억해야 합니다. 커리어는 길고, 인생은 장거리 레이스니까요. 옆자리 동료를 십분 활용해서 어떻게 '내 발전'을 이룰 것인지에만 집중합시다.

• 경쟁 상대에게 존경심을 가지고 배우기

경쟁 상대방은 이겨야 할 대상이 아니라, 존경하고 배워야 할 대상입니다. 그와 나를 비교하려 하지 말고, 배울 점을 찾아서 배우고자 노력해야 합니다. '내가 저 사람보다 못할 것이 없는데'라고 생각하면, 아무것도 배울 수 없습니다. 단기적으로 '이겼다'라는 생각이 들면 교만해질 뿐이고, '졌다'라는 생각이 들면 열등감이 들 뿐입니다. 어떤 경우든 건강한 심리 상태를 가지기 어려울 것입니다.

상대가 선배든 동기든 후배든 상관없이 겸손한 마음을 가지고, 작은 것 하나라도 배울 점을 찾아서 배우려는 태도를 갖는 것이 중요합니다. 배우려는 태도가 없다면, 작은 것 하나도 시샘하면서 질투하게 됩니다. 그럴수록 마음이 황폐해지고 회사생활도 불행해지게 됩니다.

• 경쟁 상대와 자존심 싸움을 하지 말기

건전한 긴장감을 넘어서 자존심 싸움을 하게 되면, 배우는 것 없이 고통에 빠지게 됩니다. 쓸데없는 열등감에 빠져서 자기를 망치게 되고, 심하면 우울증이나 불안과 같은 정신적인 질환에 빠지게 될 수도 있습니다.

자존심 싸움에 빠지게 되면 결과에 지나치게 집착하게 됩니다. 모든 문제를 승패의 관점에서만 바라보게 되고, 그런 관점에서 행여나 '질' 경우에는 심각한 내상을 입게 됩니다. 정작 상대방은 그렇게 생각하지도 않는데 나 혼자서만 그런다면, 얼마나 억울한 일인가요. 경우에 따라서는 나 혼자서만 자존심 싸움을 하고 있다는 상황 자체가 더 자존심을 상하게 만들 수도 있습니다.

자존심 싸움에 빠져들지 않도록 조심해야 합니다. 한번 빠지면 헤어나기가 힘들기 때문이지요. 자존심 싸움은 자신과 해야 합니다. 어제의 나와 비교했을 때 오늘 얼마나 발전했는지에 주목해야 합니다.

새벽마다 감정 일기를 쓰면서 마인드컨트롤하기

상대방보다는 나의 레이스에 집중하고, 상대방을 존중하는 마음을 가지는 것은 연습이 필요합니다. 매일 새벽마다 글쓰기를 통해서 내 마음을 들여다보고, 오늘 하루 어떤 마음으로 살아갈 것인지에 대한 계획을 예리하게 세우는 과정을 반복해야 조금씩 익숙해집니다. 결국은 마인드컨트롤이 가장 중요합니다.

지금 이 글을 읽으면서 마음에 떠오르는 사람이 있는지 점검해 봅시다. 그 사람의 좋은 점을 찾아보고, 나에게 작은 도움을 주어서 고마웠던 적이 있었는지 떠올려봅시다. 결국 좋은 감정을 가지는 것이 나에게도 좋고 그 사람에게도 좋은 것이니 말이지요.

회사에서 누군가 자꾸 의식되고 그 사람과 나를 비교하는 마음이 자꾸 든다면, 하늘이 나에게 발전할 기회를 준 것이라고 생각합시다. 그 사람을 존중하는 마음을 가지려고 의식적으로 노력하다 보면, 자연스럽게 비교 의식이 사라지고 건강한 파트너 관계가 될 것입니다.

05

직급이 낮을 때
권력을 얻는 방법

직장 내 권력의 원천은 무엇일까?

직급이 높아질수록 업무 만족도가 높아지고 건강 수준이 좋아진다는 한 연구 결과를 본 일이 있습니다. 직장 내에서 행사할 수 있는 자유도와 재량의 범위가 확대됨에 따라 심리적인 만족감이 상승하기 때문이지요. 반대로 상대적으로 연차가 낮은 주니어 사원들은 영향력과 재량권에 제한을 받는 것이 일반적입니다. 그렇다면 직장 내에서의 권력은 오로지 직원의 연차, 직급에 의해서만 결정되는 것일까요?

조직생활을 어느 정도 한 분들은 연차가 낮아도 꽤 높은 발언권과 영향력을 가지는 사람이 있다는 것을 알 것입니다. 반대로 높은 직급에 있으면서도 현실적인 영향력이 그에 미치지 못하는 경우도 있지요. 직장에서 영향력을 만드는 요소를 이해하면, 직급이 낮을 때에도 주도적인 회사생활을 할 수 있습니다.

저와 함께 일했던 한 후배 사원이 있습니다. 그는 상당히 똑똑한 엔지니어였습니다. 가끔 상사의 지시사항을 검토하다가 실행이 불가능하다는 판단이 들 때가 있을 때, 다른 낮은 연차 사원들은 '왜 불가능한지'를 설명하는 것으로 끝내곤 했는데, 그는 한 걸음 더 나아가 대안을 제시했습니다. 예를 들면 다음과 같은 식이었지요.

"팀장님의 지시사항을 검토해봤더니, 지시대로 진행하려면 연관된 제품 설계를 처음부터 다 바꾸어야 하는 문제가 있어서 실행이 어렵습니다. 다만 그 지시가 제품 신뢰성을 개선하기 위한 목적 때문이라면 전체에 영향을 미치지 않는 A부분만 수정하는 방법으로 똑같은 효과를 낼 수 있습니다."

그 사원의 말을 가볍게 듣는 사람은 없었습니다. 다른 조직의 팀장들도 그가 검토해서 전달하는 내용은 귀담아들었습니다. 그는 아직 대리 진급도 하기 전의 낮은 연차였지만, 그의 영향력은 여느 대리나 과장과 다르지 않았습니다.

직급과 영향력은 별개이다

데이브 에번스의 《일의 철학》을 보면, 직장 내 정치의 본질은 권력과 영향력을 추구하는 것이라고 합니다. 그리고 직장 내에서 권력을 획득하기 위해서는 권력의 원천을 파악하는 것이 매우 중요하다고 강조합니다. 저자는 이 책에서 '3차원적인 조직도'라는 개념을 제시합니다. 3차원 조직도는 제가 평상시에 생각하던 직장 내 직급과 권력의 구조를 잘 제시하고 있어서 매우 인상적이었습니다. 요약하자면 직장 내에서는 수직적인 위계질서와 별개의 영향력이 존재한다는 것입니다.

3차원적인 조직도는 반지름이 다르고 높이가 같은 두 개의 원뿔을 겹쳐놓은 형태로 표현됩니다. 원뿔의 수직 방향으로 이동할수록 명목적인 권위가 높아지는 것이고, 원뿔의 중심축으로 이동할수록 실질적인 영향력이 증가하는 것입니다.

수직 방향의 높이에 상관없이 원뿔의 중심축에 가까이 있다면 (즉 안쪽 원뿔 영역에 있다면), 그는 영향력을 얻은 사람입니다. 수직 방향으로 올라가더라도 중심축으로부터 멀어진다면(즉 바깥쪽 원뿔 영역에 있다면), 그는 직급은 높으나 실질적인 영향력은 없는 사람으로 평가되는 것이지요.

3차원 조직도는 직급과 상관없이 실질적인 권력과 영향력을 가지게 되는 케이스를 정확하게 표현하는 모델입니다. 원뿔의 가장 밑면에 위치한 사람(즉 말단 사원)이라도 영향력의 범위 안에 존재하면 실질적으로 재량권과 권력을 얻게 된다는 것이지요. 저자는 여기서 한발 더 나아가 이와 같이 부연합니다. 이 원뿔은 회전하고 있기 때문에, 누구든 지속적으로 가치를 창출하지 못한다면 원심력에 의해 밖으로 밀려나간다는 것이지요.

영향력은 가치를 창출할 때 얻어진다

저자는 이 책에서 "영향력이란 공헌하는 가치와 그 가치를 제공함으로써 얻는 인정의 총합이다"라고 말합니다. 직급과 상관없이 다른 이들에게 도움이 되는 가치를 만들고, 그것을 인정받을 때 영향력을 발휘할 수 있다는 것이지요.

흔히 말단 사원들은 시키는 일을 할 뿐이고, 의미 있는 영향력을 발휘하기 힘들다고 생각하는 경우가 많은 것 같습니다. 하지만 많은 분이 공감하듯, 분명 낮은 직급임에도 영향력을 행사하는 사람들은 존재하고, 바로 여러분도 그런 사람이 될 수 있습니다.

다른 이에게 도움을 준다는 것은 가치를 창출한다는 말과 등가입니다. 중요하지 않은 일은 없으나, 그 일이 누구에게 도움이 된다는 생각을 가지고 일하는 것과 그냥 일이니까 하는 것 사이에는 난관에 부딪혔을 때 우회할 수 있는 길을 탐색하느냐, 아니면 그대로 멈춰 서 있느냐의 차이를 불러오는 것이지요. 요청받은 그대로 처리한 뒤 끝낼 것이냐, 상대가 요청한 것보다 더 좋은 방법을 탐색할 것이냐의 차이를 불러오는 것입니다.

경험의 농도를 높이는 방법

기억을 담당하는 두뇌 기관 중 하나인 해마는 맥락이 부여된 정보를 더 잘 기억하는 경향이 있다고 합니다. 누가 어떤 목적으로 일을 맡긴 것인지를 생각하고 일한다는 것은 정보에 맥락을 부여하는 것과 같은 효과가 있는 것이지요. 같은 시간을 들여 일을 하고도 보상으로 받게 되는 경험치가 훨씬 높아지는 것은 신경과학적으로 증명된 사실입니다.

직장인 익명 커뮤니티 플랫폼 업체인 '블라인드'에서 실시한 직장인 행복도 조사에 따르면, 삶의 행복도와 직장 내 행복도 사이의 상관관계는 매우 높은 것으로 나타났습니다. 일과 삶의 분리를 꿈꾸지만, 사실상 일이 삶에 미치는 영향을 무시할 수 없다는 것이죠. 또한 같은 연구에 따르면, 직장 내 행복도는 일에서 의미를 얼마나 찾을 수 있는지에 따라 큰 영향을 받는 것으로 조사되었다고 합니다.

직장인이 일개 부품에 불과할 뿐이라는 생각을 조금 바꾸어 볼 필요가 있습니다. 단순한 부품이 아니라 가치를 창출해내는 독립된 1인 기업으로서 스스로를 포지셔닝한다면, 공식적인 직급과 상관없이 영향력을 행사할 수 있는 길이 분명히 있습니다. 적어도 지금보다는 더 많은 영향력을 가질 수 있는 방법을 탐색해볼 수 있습니다. 그럴 수만 있다면, 직장생활이 더 행복하고 재미있지 않을까 생각해봅니다.

06

덜 힘들이고
탄탄한 입지 구축하기

최고가 되는 것은 힘들다

중학교 시절, 나름 상위권으로 중간고사나 기말고사를 보면 전 과목 평균 90점 정도를 받았습니다. 평균 95점을 꼭 넘어보고 싶었습니다. 하지만 저는 중학교 졸업할 때까지 그 점수를 넘어 본 적이 없었습니다.

어느 분야에서 최고가 되는 것은 매우 힘든 과정입니다. 어떤 분야에 입문해서 상위 30%까지 올라가는 것은 어느 정도의 노력으로 달성할 수 있지만, 상위 30%에서 10%로 가는 것은 훨씬 더 많은 노력을 필요로 합니다. 하물며 최고가 되는 것은 대부분의 사람이 달성하기 매우 어려운 과제겠지요.

힘을 들이지 않고 희소성을 확보하는 법

이를 잘 활용하면, 힘을 많이 들이지 않고도 희소가치 있는 인재가 되는 방법을 찾을 수 있습니다. 어느 분야에서든 상위 20~30% 수준까지 올라가는 것을 목표로 하되, 어느 정도의 연관성을 가진 두 가지 이상의 분야에서 그 정도 수준을 목표로 하면 됩니다.

하나의 분야에서 상위 20% 안에 드는 사람은 집단 내에서 꽤 많은 수준이지만, 둘 이상의 분야에서 모두 상위 20% 안에 드는 사람은 극히 드뭅니다. 단순히 수학적으로 계산해 보면 4%가 되겠네요. 하나의 분야만 가지고 달성하려면 피나는 노력을 가지고도 가능할까 말까 하는 정도의 수준입니다.

자기가 상위 20% 정도 안에 든다고 생각하는 두 분야를 잘 결합해서 새로운 가치를 만들어낸다면, 큰 힘 들이지 않고 자기만의 희소성을 구축할 수 있습니다. 그것이 직장 안에서든 밖에서든 자기만의 경쟁력이자 무기가 될 수 있는 것이지요.

회사에서 탄탄한 입지를 구축하는 법

회사에서도 이와 같은 전략을 사용하면, 대체하기 어려운 유능한 인재로 탄탄한 입지를 구축할 수 있습니다. 저는 우선적으로 제가 속한 부서의 업무에 대해서 최대한 역량을 갖추는 데 힘을 쏟았습니다. 그 결과, 타의 추종을 불허하는 수준까지는 아니더라도 어느 정도의 능숙함을 갖출 수 있었지요.

그 이후에는 우리 부서와 협업 빈도가 높은 타 부서 사람들과 많이 교류했습니다. 업무적으로도 자주 빈번하게 논의했고, 궁금한 것이 있으면 자주 연락해서 물어보았지요. 개인적으로 밥을 먹거나 차를 마시면서 친해지기도 했습니다. 그런 방식으로 협업팀의 업무에 대해서도 공부하면서, 그 사람들이 이야기하는 전문용어를 대충은 알아들을 수 있는 수준까지 발전할 수 있었습니다.

두 부서의 업무 지식에 어느 정도 익숙해지고 나니, 시너지가 발휘되기 시작했습니다. 우리 팀 사람들은 협업 팀과의 업무를 진행할 때 전문 지식이 필요하면 저를 찾았습니다. 협업팀 사람들도 우리 팀 업무에 문의사항이 있을 때는 저를 찾았습니다. 두 경우 모두 고도의 전문 지식이 필요한 것은 아니었습니다. 대략적인 개념과 얼개만 가지고 있으면 설명할 수 있는 수준이었고, 제가 잘 모르는 내용이면 담당자를 소개해주면 되었지요.

저는 그런 방식으로 우리 부서와 협업하는 타 부서 업무의 지식을 습득하기 시작했습니다. 개인적으로 아는 사람을 통해서 많이 배우기도 했고, 회사 내에서 제공하는 신입사원 공부용 동영상 강의 포털을 통해서 공부하기도 했습니다. 그 부서에서 발행된 발표자료나 보고서를 통해서 공부하기도 했지요.

서너 개 부서의 업무에 대해서 '중간보다 조금 나은' 수준의 지식을 얻고 나니 제가 맡은 업무를 하는 데도 상당히 편해졌고, 다른 동료들의 업무에 대한 이해도도 높아졌습니다. 저를 필요로 하는 사람들이 많아지니 자존감도 높아지고 일이 좀 더 재미있어지더군요.

두 가지 이상의 분야에서 역량을 갖추는 방법

직장생활 할 때, 두 가지 이상의 분야에서 역량을 갖추어 독자적인 입지를 구축하는 방법을 소개해보려고 합니다. 각자 처한 환경에 맞추어 적절히 변형해서 적용하면, 직장 내에서 좀 더 견고한 입지를 구축할 수 있습니다.

• **팀 내에서 '나와 관련이 있으나 내 업무는 아닌 것'에 관심 가지기**

팀 내에서도 각자 맡은 업무에 몰입하다 보면, 옆자리 동료가 하는 일에 대해서는 속속들이 알기는 어렵습니다. 업무의 영역을 넓히고 싶으면 동료가 어떤 일을 하고 있는지 관심을 가져야 합니다.

팀 미팅에서 다른 사람의 이야기를 유심히 듣는 것도 좋은 방법입니다. 여러분은 팀 미팅에서 나오는 현안에 대해 다른 사람에게 설명할 수 있을 정도로 깊게 이해하고 있나요? 팀 미팅에 참석할 때는 '내가 모르는 이야기는 없어야 되겠다'라는 생각을 가지는 것이 좋습니다. 회의 시간에 질문도 하고, 잘 이해되지 않는 것은 따로 찾아가서 물어보면서 이해의 폭과 깊이를 넓혀 나가는 것이 필요합니다.

개인적으로 만나서 질문하는 것은 아주 좋은 학습 방법입니다. 한 가지를 물어보면, 그것에 대한 대답을 하기 위해서 서너 가지 개념을 설명해야 하기 때문이지요. 자연스럽게 학습의 폭을 넓힐 수 있습니다. 상대방을 존중해서 그에게 배우겠다는 태도로 다가가면, 관계도 좋아지는 효과를 누릴 수 있지요.

• 팀 내에서 자주 소통하는 협업팀이 어디인지 알아두기

기본적으로 회사 내 모든 부서는 타 부서와 교류하면서 가치를 생산합니다. 우리 팀과 자주 소통하는 부서가 어디인지 알아두고, 그 부서 사람들과 적극적으로 교류하는 것이 중요합니다.

먼저 상대 팀 사람들 중에서 가장 성격이 무난하고 괜찮아 보이는 사람과 교류를 시도합니다. 업무 현안에 관련된 것이나 평상시 궁금했던 것들을 물어보면 좋습니다. 전화를 사용할 수도 있고 메신저를 사용하는 것도 좋은 방법이지요. 한 사람과 자주 교류하다 보면 어느 정도 우호적인 관계가 형성될 것입니다.

협업팀 사람과 교류할 때는 우리 팀에서 도와줘야 할 것은 없는지도 꼭 물어보아야 합니다. 한쪽에만 일방적으로 유리한 관계는 오래 지속되기 어렵습니다. "우리 팀에서 도와줄 건 없나요? 혹시 우리 팀이랑 협업하는 데 불만사항이나 애로사항이 있나요?" 하고 물어보면, 대부분 이런저런 이야기를 해줄 것입니다. 그렇게 얻은 불만사항이나 요청사항은 중요한 아이디어의 원천이 됩니다.

• 상대 팀과 소통을 통한 정보를 활용해서 팀 내 개선 제안하기

팀의 가치는 협업에서 나옵니다. 팀 내에서만 정보가 돌아봤자 회사에는 아무런 도움이 안 되는 것이지요. 협업팀과의 교류를 통해서 나온 정보나 불만사항들은 중요한 가치 창출의 원천입니다. 상대 팀이 우리에게 지속적으로 불만을 토로한 것들을 개선하기 위해 개선 제안을 만들어 보고할 수 있습니다. 그렇게 함으로써 우리 부서가 업무를 더 잘할 수 있는 방법을 찾는 것이지요.

이와 같이 협업하는 부서 중에서 서너 곳과 좋은 관계를 맺어놓으면, 팀 내에서의 입지를 더욱 확고하게 구축할 수 있습니다. 처음에는 서툴기도 하고 실수도 하겠지만, 반복하다 보면 익숙해지게 됩니다. 이런 방식으로 '제너럴리스트'가 되면 업무를 좀더 넓은 범위로 볼 수 있고, 미래의 관리자로서 역량도 축적해갈 수 있게 됩니다.

일에 진심인 편인가?

인생의 목표가 무엇인가

여러분의 삶의 목표는 무엇인가요? 돈을 더 많이 벌어서 잘 먹고 잘사는 것인가요? 다른 사람에게 인정받고 더 높은 자리로 올라가서 명예를 쟁취하는 것인가요? 외적인 보상만을 바라보고 모든 시간을 투자한 사람들은 정작 원하는 것을 얻고 나서도 행복을 누리지 못하는 경우가 많이 있습니다.

저는 명문대에서 학위를 받고 싶어서 카이스트 대학원에 입학하고 좋아했는데, 들어가 보니 저보다 훨씬 똑똑한 친구들이 많았습니다. 나름대로 연봉 높은 대기업에 입사했더니 우리보다 연봉 높은 회사가 세상에는 정말 많더군요.

외적인 보상을 바라보면서 높은 곳에 올라가는 것을 목표로 삼으면, 오늘 한 발 더 성장하는 행복을 온전히 누리기 어렵게 됩니다. 언젠가 주어질지 아닐지도 모르는 먼 미래의 외적 보상을 위해서, 오늘 나에게 주어진 행복을 포기할 이유가 있을까요?

우리 선조들 중에는 높은 관직을 제안받고도 학문을 추구하기 위해 한사코 마다했던 선비들이 많습니다. 그분들은 명예보다도 학문을 추구하면서 내면의 의식을 기르는 것을 삶의 참된 행복이자 목표로 추구했습니다. 삶의 목표를 어제보다 더 나은 사람이 되어가는 것에 두면 고과도 경쟁도 그리 대단하게 느껴지지 않음을 경험했습니다.

'일'이란, 오늘 내 의식을 확장하고 더 나은 사람이 되기 위해 한 걸음 나아가는 과정입니다. 일을 통해서 내 영역에서의 지식이 확장되는, 즉 몰랐던 것을 알아가는 기쁨을 누립니다. 높은 기준을 가지고 내 일을 좀 더 완성도 있게 잘하려는 과정에서 스스로를 단련할 기회를 얻게 됩니다.

짜인 일과를 통해서 우리는 시간 관리 능력, 자기조절 능력, 에너지 관리 능력을 배울 수 있습니다. 즉 우리는 일을 통해 더 나은 사람이 되어갈 수 있습니다. 그것은 어쩌면 돈 이전에 우리에게 주어지는 보상이 아닐까요?

일을 통해 더 능력 있는 사람이 되어간다

일은 전문성을 강화할 수 있는 좋은 수단입니다. 흔히 학교에서 배운 것만 전공이라고 생각하기 쉽습니다. 학교마다 다르겠지만, 한 전공에서 학사학위를 받기 위해 요구되는 전공과목의 이수학점은 대략 50학점 정도입니다. 한 학점당 한 학기에 15시간 정도로 구성되어 있으니, 50학점이면 한 전공 분야에서 700~800시간 정도의 수업을 들었다고 볼 수 있겠지요. 회사에서 맡은 업무 분야에서 800시간 정도의 경험을 쌓으려면 어느 정도 시간이 필요할까요? 하루에 8시간 일했다고 보면, 입사하고 6개월만 지나면 학교에서의 전공 수련 과정보다도 더 많은 시간을 한 가지 분야에 쏟았다고 볼 수 있습니다.

회사는 학교 전공과목보다도 더 많은 시간을 집중해서 공부할 수 있는 과정입니다. 가장 많은 시간 동안 한 분야에 몰두할 수 있는 기회가 주어지지요. 공부할 수 있는 수단도 많습니다. 미팅 자료, 보고서, 실무 자료, 세미나, 강의 등등 모든 순간이 다 공부라고 볼 수 있습니다.

온종일 공부한다는 마음으로 일에 몰두하다 보면, 자기만의 전문성을 계발할 수 있습니다. 팀과 함께 업무하는 과정에서 상대가 원하는 것을 파악하는 능력이 생기게 되지요. 다른 사람들을 이끌고 업무하는 과정에서 주도적으로 일하는 방법, 리더십을 발휘하는 방법에 대해 배우게 됩니다. 이 모든 과정을 수동적으로 강의만 듣고 익히는 것이 아니라 실전에서 부딪히고 깨지면서 실습을 통해 배우게 되니, 정말 가치 있는 학습의 기회가 아닐 수 없습니다.

일을 통해 명료한 두뇌를 계발할 수 있다

항상 익숙한 업무만 맡을 수는 없습니다. 때로는 한 번도 해보지 않은 아주 낯선 분야의 일을 맡아서 수행해야 할 때도 있습니다. 그 과정에서 스트레스도 받고, 깊은 걱정과 고민도 경험하게 되지요. 그 과정에서 우리 두뇌는 한 번도 겪어보지 못한 새로운 연결을 만들어내느라 매우 분주한 활동이 일어나게 됩니다. 낯선 것들을 처리하는 과정에서 새로운 신경세포의 연결이 만들어지게 된다고 합니다.

연구에 따르면, 새로운 것들을 많이 배우는 사람일수록 지적능력의 퇴화가 더뎠다고 합니다. 뇌의 노화가 느리게 진행되었다는 것이지요. 최근에 작고하신 이어령 박사나 100세가 넘어서까지 활동하고 계시는 연세대학교 이형석 교수님을 보면, 평생 공부를 업으로 삼은 분들은 연세가 들어서도 지적인 능력이 활발하게 유지되고 있는 것을 볼 수 있습니다.

스트레스를 받는 상황이 생기면, 새로운 신경세포의 연결이 이루어지고 있다고 생각해보면 좋을 것 같습니다. 머리가 좋아지고 있는 것이지요. 지적 능력이 계발되고 있는 기회라고 생각해본다면 일도 좀 더 편안한 마음으로 받아들일 수 있을 것입니다. 그 과정에서 전문성이 확장되고, 나에게 잘 맞는 분야에 대한 새로운 시각을 얻을 수도 있을 것입니다.

일은 최고의 마음 수양 공부이다

마음 수양은 최고의 공부입니다. 종교인이나 철학가가 아니더라도, 모든 사람은 마음으로 일합니다. 엔진이 자동차를 움직이듯, 마음이 행동의 근원입니다. 일을 통해서 우리는 마음을 잘 관리하고 운용하는 방법을 배워나갈 수 있습니다.

우리는 회사 안에서 다양한 사람을 만나면서, 싫든 좋든 사람 공부를 합니다. 좋은 상사나 동료를 만날 수도 있고, 악당 같은 동료를 만날 수도 있습니다. 다혈질을 만날 수도 있고, 소심하고 속 좁은 사람을 만날 수도 있습니다. 이와 같이 다양한 사람들을 만나면서 그들을 대하는 방법을 몸소 익힐 수 있는 사람 공부의 장이 일터 말고 또 있을까 싶습니다. 협업, 미팅, 업무 협의 같은 모든 과정에서 '이것은 사람 공부의 현장이다'라고 생각하면 내가 배울 만한 점들을 찾아내기 쉬울 것입니다. 뇌는 최근에 떠올랐던 것, 내 주의가 머무는 것을 위주로 가치 있는 것을 찾아내려는 속성이 있기 때문입니다.

회사 안에서는 예기치 못한 다양한 상황을 만나기도 합니다. 업무의 결과가 예상대로 나오지 않아 멘붕(멘탈 붕괴)의 상황이 벌어지기도 하고, 다른 사람과의 경쟁에서 밀려서 가슴 쓰린 기분을 고스란히 겪어야 하는 상황이 발생하기도 합니다. 회사는 폭풍 같은 감정의 동요를 관찰하고, 그것을 해결해 내는 과정을 몸소 배울 수 있는 곳입니다. 위기 속에서도 침착함을 유지하는 방법에 대해서 나름대로의 비법을 터득해갈 수 있는 곳이기도 하지요.

우리 모두는 철학자다

박사학위를 받고 나서 가장 뿌듯했던 것 중 하나는 명함에 적힌 이름 뒤에 'Ph. D'라는 호칭이 붙었다는 것입니다. 어찌 보면 유치할지도 모르지만, 박사과정 학생들은 '박사님' 소리 한번 듣기 위해서 수많은 밤을 지새운다고 봐도 과언은 아닐 것입니다. Ph. D는 Doctor of Philosophy의 약자입니다. 직역하자면 '철학박사'인데, 여기서 쓰인 Philosophy는 '철학'이라는 하나의 학문이라기보다는 그 사람이 오랜 기간 쌓아온 충분한 지식과 경험을 가진 학문 분야를 통칭하는 말이라고 볼 수 있습니다.

그런데 누구나 조직생활(대학원 생활도 포함해서)을 몇 년 하다

보면, 일과 삶과 사람을 바라보는 자기만의 관점과 철학이 생기게 마련입니다. 수년간 여러 사람과 부대끼며 일하고, 좋은 시절, 험한 시절 다 겪어가면서 자기만의 깨달음과 깨우침을 얻게 마련이지요. 술자리에서 읊을 만한 개똥철학에 불과할지도 모르지만, 저는 제 명함 뒤의 Ph. D 타이틀이 나름대로 중의적인 의미가 있지 않을까 하는 생각이 들었습니다. 어떤 의미에서는 공학박사보다는 개똥철학 박사 타이틀이 더 의미 있는 것 같다는 생각도 들더군요.

가방끈이 길어야만 박사인가요? 현업에서 웃고 울며 하루하루 살아내는 우리 모두, 나름대로 Ph. D를 붙여줄 자격이 있습니다. 나름의 분야에서 깨달음과 철학을 추구하며 살게 되니 말이지요.

여러분에게 회사는 FIRE_{Financial Independent, Retire Early}하기 위한 수단일 뿐인가요, 아니면 나름대로의 깨달음을 추구하는 구도의 과정인가요? FIRE만 추구하는 사람이라면 둘 다 얻기 쉽지 않겠지만, 일에 진심인 편이라면 오늘의 성장과 내일의 FIRE의 발판 모두 얻을 수 있을 것입니다. 무엇보다 지금 당장, 행복한 하루를 선물로 받게 될 것입니다.

이기적인 새벽 출근

초판 **1쇄 인쇄** 2023년 4월 3일
초판 **1쇄 발행** 2023년 4월 14일

지은이 데이빗 David

기획 이유림
편집 정은아
마케팅 총괄 임동건
마케팅 안보라
경영지원 임정혁, 이순미

펴낸이 최익성
펴낸곳 플랜비디자인

표지 디자인 스튜디오 사지
내지 디자인 박은진

출판등록 제2016-000001호
주소 경기도 화성시 영천동 283-1 A동 3210호

전화 031-8050-0508
팩스 02-2179-8994
이메일 planbdesigncompany@gmail.com

ISBN 979-11-6832-050-5 (04320)
      979-11-6832-049-9 (세트)